たった一行で人を動かす
文章術

潮凪洋介

SOGO HOREI PUBLISHING CO., LTD

はじめに

本書があなたに提供したい2つのメリット

「話すのは苦にならないけど、いざメールとなったら手が動かない」
「メールを送ると、なぜか誤解されることが多い」
「文章で伝えると、なぜか『冷たい人だね』と言われる……」

あなたはこんな悩みをお持ちではありませんか？
実は誰もが、同じような悩みを抱えています。

もし自分の思いや伝えたいことがスムーズにメールで相手に伝わったら、どんなに快適なことでしょう。

もしこの問題が解決されたら……

メールでの表現が稚拙なために発生する行き違い、うまく書けないストレスなどからも解放され、日々を快適に過ごせるはずです。

メールは面倒だし、時間もかかるという理由で、会って、電話で話してすべてを解決しようとしていたあなた。

もうそんな日々とはお別れです。

本書に書いてあることをしっかり実行すれば、快適なメールコミュニケーションライフを送ることができます。

そして本書にはもうひとつの重大なミッションがあります。

希望とロマンに満ちたミッションです。

それは……

文字を使って人を動かし、豊かな人生を勝ち取るということです。

熱を込めたメールにより思いが伝わり、相手が行動してくれたり、一緒に新しいプロジェクトを仕掛けられたら、どんなにエキサイティングでしょう。考えただけでも、ワクワクしませんか？

そう、つまり本書の第2のミッションは

文字を使って周囲を動かし、自分も一緒に幸せになるということなのです。

人生のほとんどは「人間関係で決まる」と言われています。調和された生産的な人間関係をいかに周囲と結び、そして協力し合い、物事を進めるか？　いかに、第三者の心に火をつけ、自分のために、あるいはチームのために動いてもらえるか？

ときに励まし、笑いを提供し、思いやり、結果的に「周囲の人」から信頼、期待され、そして力を借りることができるか？

さらには、自ら考えたビジネスモデルを用い、その仕組みの中でいかにイキイキと第三者に動いてもらうか？
その結果、周囲の人たちに夢や希望、そしてお金や出会いなど、実質的なメリットをどれほどお返しできるのか？

人生の成功度合いは、これらの達成度で決まると言っても過言ではありません。

誰もが名前を知る人も、実はたった一人では何もできません。周囲の人の協力なしに成功を勝ちとれた人など、誰一人いないのです。

どんな偉業も成功物語もレジェンドも、「自分以外の人が動いた成果」と〝セット〟なのです。切り離すことなどできません。

つまり……

人生の成功のためには「人を動かす」ことは避けては通れないとい

うことなのです。

デール・カーネギーの名著『人を動かす』（創元社）では、「人を動かすためのエッセンス」が多数紹介されています。

その多くが「動かしたい相手の立場に立ち、メリットをプレゼントし、尊敬し、活躍の場を与える」といった相手本位のスタンスです。人を動かすには、相手の気持ちに立つことが欠かせないのです。

Eメールが登場して約20年。

文字を使って人を説得し、動かす――そんなシーンが圧倒的に増え続けています。

それに伴い、世の中は「勝者」と「敗者」にはっきり分かれ始めました。

文章で人を動かすことに長けている人は豊かになり、

文章で人を動かすことが苦手な人はどんどん窮する——

という現実です。

すでに人生に格差が生まれているのです。

つまり「人を動かす文章術」なしには成功は勝ち取れないということです。もちろん、ダラダラと長い文章を書くのは問題外です。

「たった一行で人を動かす文章を何本発信できるか?」

人生の分かれ道はここにあるのだと思います。

さあ、あなたも本書を活用して、明快でわかりやすい文章を送りましょう。メール、LINE、フェイスブック、ブログなど、一対一のメディアから、対マスのメディアまで、上手に快適に使いこなしましょう。

それらをマスターしたら、ぜひ高く高く目標を掲げてください！

人々の心をつかみ、そして動かし、自分のプロジェクトに巻き込み、仲間をつくり、そして人生の成果を上げていく——次はこれを目標にしましょう。

さあ、やるかやらないかはあなた次第です。

しっかり練習し、日々この「人を動かす文章術」を使いこなしましょう。

あなたの人生が大きく変わり始める——私にはその光景がもうすでに想像できています。

ともに豊かな人生を勝ち取りましょう。

ご健闘をお祈りします！

潮凪洋介

目次

はじめに　3

第1章
「ささる文章を書ける人」のマインドの持ち方

1　話しかけるように書くと相手の心に伝わる　18
2　気の利いたメール一行で良好な関係をつくる方法　24
3　相手の心の痛みに寄り添って書く　29
4　メールを一度あきらめて「笑わせる気持ち」になる　34
5　他人に関心を持つだけでメールは3倍うまくなる　38
6　人を動かす文章を書くための正しい心の持ち方　43
7　相手が心底ほしがっているものを知れば、人を動かす文章はすぐ書ける　48
8　人間を偏見と思い込みとプライドに満ちた感情の動物と思って「作文」する　54
9　まあるい柔和な太陽になったつもりで作文する　60

10 字には感情を2倍に増幅させる「ブースター効果」がある 64

第2章

ささる言葉の見つけ方

1 ささる言葉を見つけるために〝書くこと〟を放棄せよ 70
2 お笑いVTRストレッチ～間の取り方・コメント力は芸人に学べ～ 76
3 「まるで○○」トレーニング 80
4 誰かをイジってトレーニング 84
5 キャッチコピーをつくる瞬発力は電車で鍛えられる 91
6 既にあるモノの名前を自分流に表現してみる 95
7 熟成の法則 99
8 いい文章の9割は「山手線ゲーム」で見つかる 103
9 ニュースの見出しを見つけストックする 106
10 ほめ言葉は10種類用意せよ 110

11 スポーツ後の爽快感が文章をうまくする 115
12 夜遊び後の恍惚感を表現してみる 118
13 誰かを好きな気持ちを表現してみる 122
14 感謝の気持ちを文字にしてみる 126
15 ささる言葉はビーチにある！ 130

第3章

これで心をつかむ文章を書けるようになる！

〜すぐに使える潮凪流・文章メソッド〜

1 メールでは、宛名をあえて「フルネームで」書くべし 136
2 いつも笑っているトーンでメールを送るべし 139
3 相手の心を動かすメール　動かさないメール 143
4 相手が自分のことを書きたくなる「言葉の相づち」を打つべし 148
5 相手に興味を持っていることが伝わる文章を書くべし 151

6 「苦労話を聞かせてください」と頼むべし 154
7 今この瞬間の苦痛を聞かせてもらうべし 157
8 寂しくなる瞬間について質問すべし 160
9 時にはあえて一対一の人間としてお戯れ&おふざけメールを送るべし 164
10 ケンカになりそうなときは電話か直接話すべし 167
11 怒り狂ったメールには文字で返信しない 171
12 敵対せずにお友達作戦メールを送るべし 175
13 相手と過ごしてどれだけ楽しいかを詳細に書くべし 179
14 相手がやってくれたことのお礼をあえて長文で書くべし 184
15 「自分なんかもっとできなかった!」というメールを送るべし 189
16 箇条書きのマニュアルを送るべし 192
17 自分がつくった仕組みで人が活躍したら、その人の活躍を称えるべし 195
18 「一緒に世の中を変えよう!」というメールを送るべし 199
19 「スーパースターになってもらいたい!」と本気で思い、本気で伝えるべし 202

第４章

ムリなく続けられるライティングトレーニング

〜ＳＮＳ、ブログはこう書けばハズさない〜

1 自分が頑張った話　これから頑張る話を書こう 208
2 自分の仕事の話を自信を持って発信しよう 214
3 自分以外の誰かを応援しよう 219
4 自分なりの挫折の乗り越え方を書こう 222
5 世の中を「こうしたい」という思いを発信しよう 226
6 数千年間、人の人生を動かし続けた文に触れよう 229
7 ブログに10文字でコメントをしよう 231
8 ステキだなと感じるメールは真似してしまおう 234

第５章

人の心が動く文章術

〜友人や読者の心を躍動的に変える！　自分も行動的になるＳＮＳ文章術〜

1 体験がおもしろい文章をつくる 240
2 人生で最も楽しかったことをセオリー化せよ 244
3 思い出の引き出しから文章を引き出そう 248
4 心が動いた瞬間だけを切り取って書こう 252
5 愚痴は解決策とセットで表現せよ 257
6 憧れの文章を一日一行でいいのでノートに書こう 263
7 偉人になったつもりで発信してみよう 269

第6章 人を動かす文章を書くために知っておきたい言葉

1 同窓会や誕生会のチラシを、心を込めてつくってみよう 276
2 読みたくなる文章を書く人の9割は〝しっかり〟遊んでいる 279
3 人を動かす文章を書くために必要な格言 ～本田宗一郎編 283
4 人を動かす文章を書くために必要な格言 ～山本五十六編 287

5 人を動かす文章を書くために必要な格言～チャーチル編 290
6 人を動かす文章を書くために必要な格言～カーネギー編 293
7 人を動かす文章を書くために必要な格言～斎藤茂太編 296
8 人を動かす文章を書くために必要な格言～リンカーン編 298
9 人を動かす文章を書くために必要な格言～ナポレオン編 300
10 人を動かす文章を書くために必要な格言～アイゼンハワー編 302

装丁 二ノ宮匡（ニクスインク）
本文デザイン 飯富杏奈（Dogs Inc.）
DTP 横内俊彦
編集協力 東香名子

第1章

「ささる文章を書ける人」のマインドの持ち方

1

話しかけるように書くと相手の心に伝わる

■「メール作文恐怖症」を克服しよう！

友人や取引先の人にメールを送るとき、なかなか言葉が出てこなかったり、書き出しに困ってしまうことがありませんか？

無理やり文章を書き出してみるものの、ぎこちなさやカタさを感じて、文章を見るのも嫌になってしまったり……。そのような経験が積み重なって、しまいにはメールを送るのが嫌になってしまう人もいます。

このような人は、実は珍しくありません。

ここで、恐ろしい事実がひとつあります。それは**一度メールに苦手意識を持**

つと、メールがどんどん嫌いになってしまうということです。

相手への返事が遅くなったり、最悪の場合、そもそも返信すらしなくなってしまったり……。

私の周囲にもそのような人がチラホラ存在します。「メール作文恐怖症」の人々です。

それが続けば、どうなるか？　答えは明白です。やがて人間関係に支障をきたしてしまいます。たかが「メール」ですが、このようなことの積み重ねで人間関係が崩れてしまうのです。

相手はあなたからのメールを見て色々なことを考えています。もしあなたが、文章が苦手ということで、短い文章に用件だけ書き込んで送ったとしましょう。あなたにもちろん悪気はありません。

しかし、相手はときにマイナスなことを考えます。「嫌われている」と思ってしまうかもしれません。あるいは、あなたのことを愛想のない人、素っ気ない人、あるいは礼儀を知らない人と思い込んでしまうのです。そして、恐ろしいことに付き合い方自体を変えてしまうこともあります。ひどいときには「悪口」

を言いふらしたりもします。
「ああ、メールを返すのがおっくうだ」
と、その**一回一回の返信をおろそかにする習慣が、人生のチャンスを少しずつそして着実に壊し続けるのです。**

そうならないためにも、メールはしっかり作文し、相手に届けたいものです。

メール作文恐怖症を治すためには、ある心の切り替えが必要になります。これをするだけで、心のこもったメール文を勢いよく書くことができてしまいます。

それはどんな方法なのか？

それはズバリ、「相手に話しかけるような気持ち」になって書くということ。

たったそれだけでいいのです。

「そんなバカな！」

そう言わず、一度心のスイッチを切り替えてみてください。自然体でなめらかなメール文が湧水のごとく思い浮かぶはずです。しかも、そのメールは、相手の心にグッとささるものばかり。さあ、この魔法の秘密について次に説明しましょう。

メールは「文字を使った会話」にすぎない

相手に話しかけるような気持ちになるだけで、なぜ相手の気持ちをつかむメールの文章が自然と出てくるのでしょうか？　それは、**「メールとは、文字を使った会話」**だからです。「相手に話しかけるような心の状態」をつくるだけで、あなたは文字に支配されるのではなく、文字を会話のための道具として正しく支配することができます。

もともと、気持ちや用件は会話で伝えるべきものですね。メールは、ただそれを文字にして伝えているに過ぎません。文字などそもそも意思伝達のツールに過ぎないのです。そう割り切れば、もう文字には支配されません。

まず**書く前に「これは会話なんだ」と思い込むようにしましょう**。適切な言葉が簡単に出てくるようになります。文字で相手に話しかけることによって、自然体で、心のこもったメールを書けるようになるのです。

■ 文章はうまく書くことが目的ではない

さて、「言霊《ことだま》」という言葉があります。これは、文字には必ず魂が宿るという意味です。「伝わるメールを書きたい！」と思ったら、この「言霊」を思い出してみてください。

嘘のような話ですが、本当に文字に心を乗せて書いたり、打ち込んでみてください。こうすることにより、相手に送った文章は読み手の心にふだんの何倍もの浸透力で染みわたります。話しかけるように、そして言葉に心を乗せて、まるで**胸の中心から文字のエネルギーのかたまりを放出するような気持ちで文章を綴ってみてください。**

さて、ここで絶対にやってはいけないことがあります。
それは、「うまく書こうと気負う」ことです。

うまく書こうとすると、つい文章がカタくなったり、ぎこちなくなってしまいます。そんな意気込みは一切持たなくていいのです。

メールの文章は、うまく書くことが目的ではありません。用件や気持ちなどを伝えて、相手と良好な関係を築き上げることが目的のはずです。

くれぐれも**文章のテクニックよりも、「胸の真ん中にある気持ち」を大切にしてください**。「相手に話しかける」という心のあり方のほうが、技術よりも何倍も大切なのです。

最近は、スマホに話しかけるだけで文字入力ができるアプリもあります。書き出しに詰まったら、一度そのようなツールを使って書いてみてください。思いのほかスラスラと〝心のこもった文章〟がわきあがるはずです。

人の心に響く文章を書くには、まず「相手に話しかける気持ちになる」こと。このことを毎回しっかり思い出し、クセになるまで意識してみてください。

あなたを取り囲む人間関係は、ゆっくりと着実に変化し始めるはずです。円滑に変化していくでしょう。

2

気の利いたメール一行で良好な関係をつくる方法

■文章は「応援モード」になればどんどん書ける

メールを使って友人や異性、あるいはビジネスで知り合う人と良好な関係を築けたなら……。これは万人に共通する願いです。

しかし、気負えば気負うほど、気の利いた文言、あるいは楽しくポップな文言は出てこなくなります。事務的な文にならないようにセンスのいい言葉を出そうとするものの、金縛りにあったように固まってしまう。あなたもその一人ではないでしょうか？

「もっと気の利いたことを書きたい……」

「センスのいい言葉を投げかけて愉快な関係を築きたい……」

それなのに何をどう書いても、とってつけたような文章になってしまう。


実は私にもそのような時期がありました。

しかし、私はある工夫をしました。

これまた、とてもシンプルな方法でした。心のスイッチ、思考のスイッチをほんの一部、相手側にシフトする。それだけで、とたんに気の利いたメール文が自然と紡ぎ出されるようになったのです。

つまり、**相手を応援するモードに心を切り替える**ということです。


では、相手を応援するモードとはどのようなことを言うのでしょうか？

それは、相手が今何をしているか、この一週間何をするだろうかと思い浮かべ、心のなかで応援するということ。相手の立場になり、相手の生活シーンのなかに想像で入り込み、そして寄り添います。すると自然に、会話のように文章がわき出てくるのです。

「風邪をひかずに、今日一日元気に頑張ってほしいな」とか「多忙な様子……○○さんが今週の仕事の山を乗り越えられますように……」など、心のなかでイメージし、そして祈ってみるのです。

「（あの人が）無事電車に間に合ってスムーズに移動できたらいいな」とか、「○○さんが寝つけないと言っていたけれど、今夜は眠れますように」といったことでもいいのです。とにかく相手の生活シーンを想像します。

こうすることで、あなたは自然体で「気の利いた文章」をつくり、好意的な関係を一瞬でつくることができてしまいます。

これは、相手のビジネスシーンやライフスタイルのことを、ほんの少し知るだけで可能です。逆を言うと、知らなければ不可能です。ぜひ試していただきたいと思います。

■ 応援する気持ちになると〝相手が返しやすい〟文章が書ける

ではなぜ、応援する気持ちになるだけで、好意的な関係をつくることができるのでしょうか？

当然ですが、「相手といい関係になりたい」のは、あなたの目的であり、あなたのメリットです。この時点では、あなただけが「（相手のことが）ほしいほしい」という状態にあります。

しかし、**人は皆、あなたの都合では動いてくれません**。相手は昨夜徹夜の仕事をして、猛烈に眠いかもしれません。あるいは、親族を亡くしてふさぎ込んでいるかもしれません。もしくは大変な仕事に向き合い、それに心を奪われ、ほかのことに興味がわかない状態かもしれないのです。

相手には必ずあなたとは異なる境遇が存在します。自分の都合で文章を書いても、相手の心をつかめないのです。

相手の心境に寄り添い、応援する文章を送る。これは、周波数を相手に合わせた文章を送るということです。

しかも、「自分は今から相手を思いやる気持ちをプレゼントする」と考えれば、「自分には送る資格がある」と腑に落ち、メールを送る勇気もわいてきます。

友達に久しぶりに電話をかけるとき、「忙しいから、かけないほうがいいかもしれない」と思うことがありませんか？　しかし、相手の転職祝いをしようと思ったら、どんなに忙しい時間帯でも電話をかけられますよね。その心境と同じ状態をつくるということです。

何かをプレゼントするような気持ちになってみる。

相手へのねぎらいや、思いやりを贈る。そう思えば、物怖じも吹き飛んでしまうのです。

これは、メールや電話だけでなく、人と接するときにも使えます。

メールで良好な関係をつくりたいと願うのなら、まずは今日一日、相手の幸せを願うことから始めてください。そこから気の利いた文章が紡ぎ出されるはずです。

3 相手の心の痛みに寄り添って書く

■相手の気持ちをつかむヒントは、心の〝痛み〟にある

目の前の相手ともっと深く関わりたい。でも、なかなか腹を割った関係をつくることができない。そんなときがありませんか？

パソコンやスマホを前にしながらも言葉が出てこず、時間をかけてつくったメールを、結局用件だけのそっけないメールに戻して送ってしまったり、逆に過剰な文章にしてしまったり――。

そんなあなたのために、相手の本心を引き出し、良好な関係を築くメールの書き方をご紹介します。

これを意識するだけで、相手の心にささる上質な文章を書くことができるようになります。

それは、とても簡単な方法です。

相手の心のなかの痛みや苦しみに寄り添い、その痛みなどを想像しながら書いてみるということです。

一見、とても単純な視点の切り替えにすぎません。しかし、これが絶大な効果をもたらします。

あなたが相手との距離を縮められないのは、おそらく相手の表面だけを見ているからではないでしょうか？　そうではなく、**相手の表面のバリアの奥にある本当の心、特に〝痛み〟に寄り添う**のです。

まず相手の心のなかに、今どんな不安や苦しみや痛み、焦りが存在するのか、想像してみてください。

このとき、相手の心の状態に目を向けることがポイントです。

誰もがストレスを抱えて生きています。心の痛みを一生懸命押し殺して、今を生きています。

その痛みを何とか探り当て、寄り添うのです。

人間は誰でも、自分の痛みに寄り添ってくれる人に心を許します。

メール文章を書くときも、このことを意識しながら相手と向き合ってみるのです。

■どうしたら心の痛みに寄り添えるか？

それでは具体的にどうすれば、相手の心、特に相手の不安やストレスに寄り添うことができるのでしょうか?

まず、その人の**フェイスブックやブログなどの投稿を見てください。**

しばらく投稿を眺めていると、不安やストレスの片鱗を感じ取ることができます。さらに、プロフィール欄に書いてある職業を見れば、その不安やストレスを正確にイメージすることができるでしょう。

たとえば、相手が営業マンだったら、おそらく毎月のノルマに追われて、月末は胃が痛い思いをしているのではないでしょうか？

事務職の人ならば、社内の人間関係に悩んでいる可能性があります。

システムエンジニアの人ならば、長時間労働による睡眠不足や過労によるストレス、自分の人生のあり方に不安を感じている可能性だってあるでしょう。

このように、まずは何らかの方法で、相手がどんな痛みを感じているのか知ることに集中してください。

仕事の内容を調べたり、フェイスブックを見たり、初対面のときに会話から読み取ったり、共通の友人から聞いたりしてもいいでしょう。

これが心の痛みに寄り添う第一歩になります。

これは恋愛を成就させるときでも、仕事で取引を成立させるときでも同じこと。良好な人間関係は、相手の痛みを知ることから始まります。

相手の痛みがわかる人は、仕事でも恋愛でもうまくいく人なのです。

相手の心の痛みを知ることができれば、自然と相手を癒し、相手の心をつかむ

文章が書けるようになります。

相手と良好な関係を築くために、まず、相手の今この瞬間の痛みの因子を探り当て、寄り添うことで、心に入り込むことから始めてみましょう。

あとはその寄り添う気持ちを作文し、メールで送るだけでいいのです。

4

メールを一度あきらめて「笑わせる気持ち」になる

■心のブレーキをはずせば魔法のソフトが動き出す

メールの文章がいつも同じような内容になってしまって、相手との間にマンネリ感が漂い始め、用件のみの無機質なメールを送ってしまう。

「アポはこの時間です。ご確認よろしくお願いします」

気の利いた文章を書こうとするたびに固まってしまい、結局あきらめて無機質なメールを送ってしまう。そんなことがありませんか？

何を隠そう、私自身もこの経験があります。

「もっと相手をワクワクさせるメールを送りたいのに……」

そう思えば思うほど、ネタを考えられない芸人のように、苦悩の表情が顔に刻まれてしまいます。

そんなときは、実は文章を書くことを一度あきらめたほうがうまくいきます。

「メールの書き方を教えてくれるんじゃなかったのか？」

そう思いましたか？　大丈夫です。ちゃんと続きがあります。

文章を書くことを忘れるかわりに、あることをしてください。

それは**「相手を笑わせるんだ」**と、**〝ほくそ笑む〟ということ。**

いたずらっ子になったつもりで心のスイッチを切り替えてください。

すると、ここであなたのもとに奇跡が起きます。

あなたの脳内の「魔法のソフト」が起動するのです。

それはまさに楽しいメールがスラスラ書けてしまう魔法のソフトです！

そのソフトを起動するだけで、肩の力が抜け、気持ちがポップになり、呼吸に変化が現れ、相手がクスッと笑ってしまうような文面が次から次へとわき出します。

これまで用件のみのそっけないメールを送ってきた人は、〝あえて相手を笑わせる〟と思ってみてください。

不謹慎だと思ってブレーキをかけず、笑わせようと思ってメールを送ってみてください。

たったそれだけの心がけで、相手の心をつかみ、鼓舞させ、好意を勝ち取ることができてしまうのですから、これはやらないと損です。

今まで「書かなきゃ」と思っていたこだわりや、それに伴う苦しみなんて跡形もなく消え去ります。

笑わせること一点に心の照準を合わせたその瞬間、あなたの文章は途端に軽快なオーラを纏《まと》い始めます。

重要なことなのであえて何度も書きますが、**文章は〝心〟で書くもの**です。

文章は「心の念写」なのです。

たとえパソコンで打った文字だとしても、文字には心が宿るのです。

笑わせようと思って書いた文章や文字は、必ず笑いを誘うオーラを纏《まと》い、相手の心にささるのです。

心の持ち方で、出てくる言葉は簡単に変わります。これは私もあなたも、そして地球上に住む人類に共通して言えることです。

ですから、相手を笑わせる気持ちでメールを打ってみてください。きっと、いつもとは違う楽しい空気が、お互いの間に漂うはずです。

5

他人に関心を持つだけでメールは3倍うまくなる

■心のカメラを相手に向ける習慣をつけよう

他人と良好な人間関係がつくれない人。彼らの多くは、なぜかメールコミュニケーションにも強い苦手意識を持っています。

現実世界の人間関係が苦手なのですから、メールではなおさら顔が見えずに難しく感じてしまうのでしょう。

彼らは交流会に出ても、仕事に行っても、合コンに行っても、誰とも打ち解けられないまま、いつも心に孤独を抱えたまま過ごさざるを得ません。

フェイスブックを立ちあげてもなかなか友達が増えず、自分の友達の少なさを思い知り、二重にショックを感じてしまいます。

彼らにはひとつの共通点があります。

それは、他人に対する興味が薄いということです。関心の対象の大半が「自分」のことになってしまっているのです。

たとえば、人からどう思われているのだろうかとか、自分は世の中から必要とされていないのではないかなどと妄想したり、あるいは大好きな趣味の世界のことにばかり夢中になっているのです。

このように、**気がついたらいつも自分のことばかり考えている人が、他人と良好な関係を築けるはずがありません。**

もっともっと人に興味を持ち、友情や愛情を抱き、楽しむための工夫をし、調和された時間を過ごす。そのように**心のチャンネルを変えなければ、この先の人生において幸せな対人関係を築くことは難しくなります。**

■相手に興味を持ってこそ、良好な関係は築ける

さて、ここで大切なことをひとつお伝えします。

自分と向き合うことは大事ですが、向き合いすぎると人の心はバランスを崩してしまいます。このことを忘れないでください。

心のバランスが崩れれば、性格のバランスが崩れます。

性格のバランスが崩れれば、対人関係のバランスも同様に崩壊します。

人生もろともアンバランスな、不健全な状態に進んでしまうのです。そうなれば、メールだって打てなくなってしまいます。

そんな状態から抜け出すために、ほんの少しでもいいので、他人に関心を向けてみてください。他人に興味を持ってこそ、あなた自身も他人といい関係を構築できるのです。

デール・カーネギーの名著『人を動かす』(創元社)では、「人は自分に興味を持ってくれる人に興味を持つ」と紹介しています。

あなたが相手に興味を持てば、相手もあなたに興味を持ってくれます。良好

な人間関係をつくりたければ、まずは相手や周囲に興味を持つべしということです。

相手から興味を持たれるのを待つのではなく、まずこちらから相手に興味を持つのです。

関心を、自分だけでなく、相手に向けてください。

自分ばかり撮影していたカメラを、相手のほうにグッと回すようなイメージです。

フェイスブックの友達を上から一人ひとり見て、どのような人なのかを興味本位でリサーチしてみる。端から端まで眺めてみる。そんな些細なことから習慣づけてみてください。

この習慣を続けるだけで、あなたは意気揚々と相手にメールを送り、送った後も楽しい気持ちを維持することが可能になります。

文章で相手の心をつかみたい。もしそのように本気で思うなら、**文章力を磨く前に、まず「相手という人間」にきちんと興味を持つように心がけること**です。

その心がけ次第で、あなたのメールの文面は必ず生まれ変わるのです。文章に相手への興味関心の言霊が乗り、必ず相手に伝わります。

大切なことはどこまでいっても同じです。メールを作成するときの「心のあり方」なのです。

6 人を動かす文章を書くための正しい心の持ち方

■ 相手のメリットを明確にイメージする

新しいプロジェクトを立ち上げて、多くの人に協力してもらいたい。

あるいは、自分がマネジメントする部署の人たちのやる気を出させ、もっと頑張って仕事をしてもらいたい。仕事をしていれば、幾度となくそのような局面に遭遇するものです。

部下がやる気を持ち、猛烈に動いてくれたら、どれだけいいでしょうか。これはリーダー誰しもの願いです。

もし、それが実現すれば、あなたはもう世間で言う〝ついていきたくなる上司〟の仲間入りです。プロジェクトは成功し、社内外から成果を讃《たた》えられるでしょう。

「自分には無理に決まっている」と、あきらめてはいけません。

メールひとつで状況を変えることができるのですから！

とは言っても、小手先のテクニックでうまくいくほど現実は甘くはありません。心のあり方から変えてください。

ここで復習です。

またまた「心」のお話です。

「心」は紡ぎ出される文字を支配します。**人を動かす文章になるかどうかは、メールの文章を書くときの「心の状態」で決まるのです。**

メールの文章を打つとき、投げやりに、あるいは無感情のまま、そしてコピペでもするような気持ちで作文してはいけません。

ましてや誰かをモノのように利用してやろうとか、自分の利益だけを考えて使いまわしてやろうという下衆な気持ちがあると、人は離れてしまいます。

そうならないように、作文する前にまず心の根っこを整えます。何はともあれ、相手のメリットを、あなた自身が明確に把握することが大切です。

たとえば、Aというプロジェクトを部下に任せるとしましょう。Aをやることで部下の売上が伸びて、社内で注目される。そんな情景を本気で心の底から一点のくもりもなくイメージします。

そしてイメージしたら、その実現を本気で願います。これができない人に文章で人を動かす資格などはありません。

ここでのポイントは、相手のメリットを明確にして、言葉にするということです。そうすれば、人の心は少しずつあなたの意図する方向に傾き始めます。

人は自分にとってのメリットを明確に感じ、自分のために感情を動かしてこそ、能動的に意欲を高めるのです。

あなたが認識すべきは相手のメリットです――それはお金や物品だけとは限りません。

ロマンや達成感、感動でもいいでしょう。新しい仲間との出会いも、立派なプレゼントです。

あるいは自己重要感、誇りやプライド、優越感をメリットに感じる人もいます。

恋愛や結婚を求めている人もいるでしょう。

何を差し置いてもまずはじめに、相手のメリットを明確にイメージしてください。

そして、その文言をメールのなかに書いてください。

相手に何かを与えようとすることで、文字にはオーラが注入されます。

そうしてこそ、相手を動かし、相手を幸せにし、自分も一緒に幸せになることができるのです。


ここで、自分も一緒に幸せになれるのはなぜでしょうか？

相手が行動して、物事が動き始めます。

自分の送ったメールをきっかけに、相手とあなたの一蓮托生《いちれんたくしょう》のプロジェクトが動き始めるのです。

これだけで、あなたはこれから始まるドラマにワクワクすることができます。

期待に胸を膨らますことができるのです。

動いた人は様々な成果や報酬を得て幸せになるし、あなた自身もやりたかったことが実現できて、お互いに幸せになれます。

こんなに楽しい人生の一シーンはないと思います。

ありがたいことに私自身、このようなときめきを今まで何百回も味わってきています。

人のメリットを考え明確化し、それを提供するメールを送り続けているからです。

さあ、次はあなたの番。実際にこの興奮のキックオフの瞬間を味わいましょう。

7 相手が心底ほしがっているものを知れば、人を動かす文章はすぐ書ける

■ 相手がほしがっているものは何かを知る

豊臣秀吉、坂本龍馬、アメリカにおいてはリンカーンやカーネギー、スティーブ・ジョブズ……。

彼らは「人たらし」と言われている大人物たちです。人たらしとは、人の心をつかみ、多くの人から好かれる人のこと。「人たらし」の才能は、成功者になるための絶対条件です。

人たらしは人を動かし、人を幸せにし、自分も一緒に幸せになるという、魔法のような力を持っています。

しかし、その魔法は私たちにも使いこなすことができます。

ふだんからあることを心がけることにより、人を動かす「人たらし」になることができるのです。

ふだん送るメールの文章のなかでこれを実践することで、あなたの人生は変わり始めます。

そのために、たったひとつのシンプルなことを心がける必要があります。

それは、何はともあれ、まず**「相手が心底ほしがっているものは何かを知る」**ということです。

「そんなの知っているよ」と言っていても、日々忙しく過ごしていると、この行為自体を忘れてしまいます。

そして、いつしか胸に抱くのは「自分がほしいもの」ばかり。

これでは相手はあなたのために動いてはくれません。

これは、カーネギーの名著『人を動かす』でも紹介されている心の持ち方です。

この洞察行為のためにひと手間かけ、そして行動をした人だけが、相手を動かし、同志を集め、事を成すことができるのです。

さて、あなたが今、心底動かしたいと思っている人は誰でしょう？　その人の顔を思い浮かべてください。

そして、彼らが心底望んでいるものとは何でしょう？

まず、多くの人に当てはまるのは「お金」です。

相手に動いてもらうときには、少なくてもいいので、なんとかして金銭が発生するように頭をひねってください。

そのほかに、友達が心底ほしいと考える人もいるでしょう。

もちろん「営業成績でトップを取る」など、金銭とは別の成果を欲する人もいます。恋愛、結婚、名誉、やりがい、ストレス解消や愉快で楽しい時間がほしいという人もいます。

あなたは相手の欲していることを正確に把握し、それを相手に与える努力を誰よりもする必要があります。

日々この訓練を行なうのはとても楽しいものです。

ゲーム感覚、クイズ感覚で相手が心底ほしいものを当ててみてください。

当てた後は、どうしたら相手が喜ぶかを考え、楽しみましょう。

あざとい？ そんなことはありません。罪悪感を感じることはありません。相手にとってメリットづくしの誘惑ゲームなのですから。

■シナリオも一緒に提案する

しかし、これだけでは不完全です。**本気で人に動いてもらいたいなら、相手が望むものを得るまでのシナリオまでセットで提案してあげましょう。**

私は毎週、あるイベントを主催しています。スタッフはほぼ、ボランティア同然。なのに、楽しそうに働いています。

ではなぜ、ボランティアでもわざわざ時間を割いて来てくれるのでしょうか？ それは、「依頼内容の伝え方」にあります。

たとえば、恋愛や結婚を心底したがっている女性には、こんな風に伝えます。「このイベントにはアクティブでおしゃれな男がたくさん来るよ。お金も持っている。ここでスタッフをやれば、そのなかの一番いい男を彼氏にできる。君が望めば、半年以内に交際を始めて、一年後に電撃結婚することも夢じゃない」と提案しています。もちろん実際に結婚できた人もいます。

このような形で、ハイセンスかつ有能なスタッフを集め、彼らと一緒に魅力的な大人が集まるイベントを運営しています。

毎週イベントを主催し、1年と少しで累計3000人以上の人を呼べたのも、20人のボランティアスタッフがいたからこそです。

また、会社外の世界である〝アナザーパラダイス〟を求めている人もいます。まずイベントの話をして、「そのイベント、最高っすね」という言葉が返ってきたら、「やってみたら？　こっちで舞台用意するから」と提案します。するとたいてい「やります」と言ってくれます。

つまり「一緒にこれ、やってみない？」という軽いニュアンスで伝え、反応がよかった人にだけアプローチするのです。

もちろん「忙しいので無理です」と言う人には、それ以上言いません。「一緒にやってみない？」と言ったときに、「私にメリットがあればやりますけど」と言う人にも、その後は声をかけません。

イベントを通じて私が与えられることと相手がほしいものとが一致する。その瞬間、互いの絆が生まれます。そして、共通の目標のもと、プロジェクトが進行されるのです。

あなたも人生で絶対的な成功を勝ち取りたいなら、まずは自分が与えられるもの、こと、お金、ロマン、興奮を明確にし、相手がほしいものと照らし合わせてみてください。一致した場合には、同盟を組んでください。そして、それらを得るまでのシナリオもプレゼントするのです。これを言葉や文字にして伝える。まずはそこからすべてがスタートします。

8

人間を偏見と思い込みとプライドに満ちた感情の動物と思って「作文」する

■トラブル時は、感情を挟まず論理部分だけ抜き出す

状況を少しでも改善したくて指摘しただけなのに、なぜか人間関係がこじれてしまう。これは誰もが体験する〝すれ違い〟です。

たとえば、あなたの部下が、仕事で致命的なミスを犯してしまったとしましょう。一刻も早く処理しなければなりません。

実は、間違いを犯したのは部下。修正の指示や注意をする自分は正しいことをしている。

しかし、相手が腹を立ててしまうことがあります。そんなときは部下のミスの尻拭いをしなければならないのと、相手が嫌な態度を取ってくるという、まさに二重のストレスです。

そのような状況を引き起こさないために、大切なことがあります。カーネギーの『人を動かす』にもあるように、「相手は、偏見と思い込みとプライドの生き物である」、と思って対応するということです。

つまり、**逆ギレして来る可能性を、最初から覚悟しておくということ**です。

さらにそのうえで、相手を怒らせないメール文づくりをします。賢い人は、どんなに怒っていても怒りの感情を少しもにおわせません。

たとえ不本意でも、怒りを徹底的に押し殺して作文します。できれば愛すら込めて作文します。

「どこまでお人好しなんだ」と突っ込みたくなりますね。しかし、これはめぐりめぐって自分のためになるのです。

たしかにそうかもしれません。しかし、口で言うほどそれはたやすくありません。

怒りの頂点において、いかにして冷静になればいいのでしょうか?

そのとっておきの方法をお教えしましょう。

それは「過去の自分のミスを思い出す」ということです。これだけでたちまち「自分だって同じミスを犯したじゃないか……」と自分の過去のミスを思い出した瞬間、もう相手を責めるのがはずかしくなります。そして、相手を責める気持ちが鎮まってしまいます。


ではその後、具体的にはどのようなメールを打てばいいのでしょうか?

「指摘はしない、感情的にもならない。冷静に訂正の指示を出すのみ」です。深呼吸をして心を整え、自分の過去のミスを思い出します。すると攻撃的になった心が鎮まります。

次に事象部分、つまり論理部分「だけ」を抜き出して書いてください。具体的に、このように改善すると〝このようによくなる〟ということだけを映像でイメージします。

とかく相手をたしなめることだけに集中して長文を書いてしまいがちです。

しかし、それは負の連鎖を生みます。シンプルに事象を伝えるだけでいいのです。そして、よい相手であれば、必ずその後の改善がなされます。

よくない相手は、どんなに丁寧に愛をこめてメールを書いても逆ギレします。そして改善は見られません。

これは人生の時間のムダ遣いです。甘えに付き合っている暇はありません。静かに距離を置きましょう。

たとえば、頼んでおいた仕事をギリギリまで伸ばして、「やっぱりできない」と投げ出しそうなビジネスパートナーがいるとしましょう。そんなときも、自分の感情はさておき、論理部分を抜き出してください。

「納期が間に合わなくなると、クライアントからの信頼が失われます。ビジネスとして損失が生じます」となります。

しかし、「やるって言ったことをやらないのは、人として最低だ。本当に迷惑だ。子供と変わらない。この先、そんなんじゃどこでも通用しない」などの感情的な文章を書いてはいけません。相手を思うがゆえ、あるいは怒りに取り憑《つ》かれて文章化してしまう人はめずらしくありません。

しかし、それが事態の悪化を招きます。ますます相手を錯乱させ、業務遂行機能を低下させます。さらには悪態をつかれたりして、あなた自身も確実に嫌な思いをします。

「そうですか、わかりました。それではこちらで預かります」

このように冷静な文を送り、さらりと代役を探します。

実はこれが一番生産的なのです。

オーケストラで不協和音が続くと、演奏するほうも、聴くほうも集中できないと思います。メールもそれと同じです。

カーネギーの『人を動かす』ではこう紹介されています。

「人間を偏見と自尊心と虚栄心に満ちた感情の動物であると思ったほうがいい」

自分が正しくとも、相手の指摘は最小限に抑え、不協和音を伴った接触時間を減らす。ましてやマイナスな文章を作文する時間も、送付する時間も、相手からの逆ギレのメールを待つ時間も、読む時間もカットすることが賢明ということです。

それでも様子がおかしい対応が返ってきたら、そこでさらに距離を置きます。有能な人は人とメールでは争いません。サラリとかわし上手に距離を置き、人間関係ごと自然消滅の方向に持って行くのです。そして淡々と別の人材を探します。

会社であれば、そうも簡単に関係を切ることは難しいかもしれません。

しかし、接点を最小限に減らし、仕事を進行することはできるはずです。

この流れをつくれるかどうかが分かれ目になります。

それが効果的に人を動かすことにつながるのです。

9

まあるい柔和な太陽になったつもりで作文する

■メールは人生をよりよくする便利な道具

文章には人それぞれのクセがあります。自分のメールの文章のクセにあなた自身も気づいていますね？

「文体が子どもっぽい」

「カタい文章になってしまう」

「そもそも作文が苦手で、苦痛……」

このようなコンプレックスから、メールを送るのがおっくうになってしまったり、用件だけしか記載しないような人が大勢います。

しかし、メールは何のためにあるのでしょうか？

良好な人間関係を形成し、問題を解決し、よりよい人生をつくるために存在するのではないでしょうか？

いっそのこと「便利な道具にすぎない」と割り切ってみてほしいのです。

そして、**もっともっと気軽な気分でメールと向き合ってみてください**。

とはいえ、自分がメールを送ると、相手に嫌な思いをさせたり、小さなトラブルになると考えてしまえば、手も足も出なくなります。

そこである方法を紹介します。

この方法をとるだけで、あなたはまるで晴れた日に散歩をするような気持ちで作文ができてしまいます。

■まあるい太陽になって相手を照らすつもりで書く

次のような心になることで、必ずあなたの人間関係は変わり始めます。

「自分が柔和な太陽になったつもりで作文をする」

これだけです。

あなたの周りにも、太陽のように明るく包み込むような、愛にあふれたメールを送ってくる人がいませんか？

その人のメールを読むだけで心がスーッと晴れわたり、仕事のストレス・焦りが吹き飛び、イライラが和らぎ、とびきり優しいエネルギーをもらえるということがあるはずです。

「自分はまあるい太陽だ」

そう思うだけで、あなたも彼らのような存在になれるのです。

柔和な柔らかい太陽になったつもりで文字を打つ——それだけで文章のリズムは変わり始めます。たとえると、役者になることと似ています。

あなたも、文字を書くときだけ役者になってみてほしいのです。

周りにいる太陽のオーラを感じさせる人のメールを、手本にして書くともっとうまくいきます。

書けば書くほど、〝プラス〟の連鎖がメールに起こります。あなたを取り囲む人々のメール文化もどんどん発展していくのです。ムダなトラブルが減るだけではありません。あなたの送ったメールのおかげで上機嫌な人が世の中に増え続けます。

自分も周りも幸せにする。一緒に幸せになれる。この究極のメール執筆法をぜひ会得してください。

周囲の心をつかみ、動かし、一体感を伴う人生を送ることができるはずです。

10

字には感情を2倍に増幅させる「ブースター効果」がある

■文字にはダークな一面もある

あなたは今、本書をもとに、文字を駆使して人を動かす神業《かみわざ》に挑戦しようとしています。人に好かれる、人たらしの文章術の達人になろうとしています。超能力並みの魔力を身に付け、人生そのものを変えようとしています。あなたが発信し続けたメール文、ブログ文、あるいはメディア連載が、会社全体、いや地域全体、日本全体を変えてしまうかもしれません。

文章が書けるようになるということは、それくらい大きな力を身に付けるということなのです。

ここで肝に銘じておいてほしいことがあります。

それは、文字というものは人を幸せにしたり文化を向上させる〝幸せの製造機〟です。もっと言えば、**多くの人を幸せにして、あなた自身も幸せになれる「魔法のツール」**なのです。

しかし、文字には危険極まりないダークな側面があります。

それは、**〝文字は破壊兵器にもなる〟**ということです。

ときに文章は人の心を傷つけ破壊し、文化を壊し、そして戦争まで引き起こします。


ここで少し歴史を振り返ってみましょう。

1600年、上杉景勝の家老・直江兼続《なおえかねつぐ》が、徳川家康に対し、「直江状」と言われる手紙を送りました。諸説ありますが、これがきっかけで家康が激怒し、関ヶ原の戦いが始まったとされています。

大坂の陣も同様です。方広寺再建のため豊臣家が鐘に彫った「国家安康」「君臣豊楽」という文字が、家康の「家」と「康」の字を離していて無礼であるという言いがかりを招きました。こういったことは歴史を紐解けば色々出てくるでしょう。そのくらい文字は色々な解釈ができ、状況を変えてしまう魔力を秘めています。

この、文字が持つ「底知れぬ魔力」をしっかり自覚して使わなければいけません。

あなたがこれから心がけるべきことは、なるべく人を鼓舞させ、モチベーションを上げ、喜ばせ、そして前向きな行動に漕ぎ出してもらえるような、ポジティブな文章を書くこと〝のみ〟です。

負の文章、つまりネガティブなことを伝えることは、最小限に抑えてほしいのです。

もっと言えば、もう一生ネガティブな文章は書かない、発信しないと今ここで一大決心してほしいのです。

他人に送るメールだけでなく、不特定多数に発信するブログやSNSでも同様です。

ネガティブな文章を書くと、読んだ人は傷つき、嫌な気分になり、人生の時間をムダに過ごすことになります。それと同時に、あなた自身が自分の価値を下げ、心が荒廃した存在として不特定多数から認識され、生き恥をさらすことになります。

よくある話ですが、世の中を変えるための強い主張を含むコラムを書く人気の書き手がいます。本当に世の中に問題を提起し、改善させる文章においては、負の感情は最小限に抑えられています。非常に冷静かつ客観的に感情を殺した状態で書かれているのです。

その逆もあり、感情的になったり半ば発狂して書いた文は、恨みつらみの毒が多すぎて、読み手が冷めてしまうのです。感情的な文章は相手にされないのです。

これは、ブログでも、フェイスブックでも、そしてメールでも同じことです。「ダメですね」ではなく「もう一度吟味しませんか？」、「つまらない」ではなく「ここ、もう少しこうしたらもっと面白くなりそうですね」のように言い換えルセンスが必要です。

攻撃的、あるいは否定的、そしてネガティブな感情を文字に乗せた瞬間、それは2倍以上の負の衝撃となって相手に伝わります。これまでの善意の関係を何もかも壊してしまい、相手の心にダメージを与え、取り返しがつかなくなることもあります。そのことをぜひ覚えておいてほしいと思います。

文字には悪感情は乗せない！

それを決心する。

それだけでもあなたの人生の運気は良い方向へと動き始めます。

負の増幅の可能性があるものは口頭で伝えたり、あるいは論理部分のみ端的に無機質に文字化して伝える――そういう決心をしてください。

それが私との約束です。

第２章

ささる言葉の見つけ方

ささる言葉を見つけるために〝書くこと〟を放棄せよ

■ 疲れた身体に音楽を流し込むと、手が勝手に動き出す

「音楽を聴くだけで文章が書ける」

そう言われたら、あなたは信じられるでしょうか？　まともな人ならば到底信じられないでしょう。

しかし、これは相手の心にささる文章を紡ぎ出すための大事な大事な、トレーニング法のひとつなのです。

50冊以上の本を書いた私が実際に使っている、正真正銘のトレーニング方法です。

仕事でくたくたに疲れて帰宅。いざスマホを手にしてみても、頭のなかは殺伐としていて、何も言葉が浮かんでこない。ただただ、何もしたくない！　フェイスブックなんか見たくない！　眠りをむさぼりたい……。

こんな状態で、相手の心をつかむメールや文章が書けるわけがありません。フェイスブックやブログ、あるいはメールで何かを発信しようと思っても心は鉛のように動かない――。

これは発信するためのソフトである脳が〝機能停止状態〟であるからにほかなりません。

しかし機能停止状態の脳では、到底人の心を潤す文章など出てくるはずもありません。そこで、音楽の力を借りるのです。

平安時代、都では、感動したり、喜んだり、うれしかったり、悲しかったりした自らの心を捉え、和歌が詠まれ、随筆が書かれました。『枕草子』や『源氏物語』などがその代表格です。

それができたのはまさに、頭のなかに、**人間としての文化性や情緒の豊かさ、**

あるいは知性が満ちあふれ、調和された躍動感を伴う精神状態が存在していたからにほかなりません。もし頭の中が砂漠のようだったら、これは到底生まれ得なかった文化なのです。

■学生時代に聴いていたバラードを聴き直す

では、音楽をどのように活用したら脳が活性化し、「文章が書ける状態」になれるのでしょうか？

それは、**印象に残っているバラードを一曲一曲聴いていくということです。**かつて耳にした曲のなかには、聞き慣れたドラマのテーマソングなどもあるでしょう。

文章を書くことなど、ここではいったん忘れてください。

たとえばミレニアムの頃のテレビドラマを思い出してみましょう。ドラマ「やまとなでしこ」のテーマソングに、ＭＩＳＩＡの「Everything」があります。

曲の前奏が始まった瞬間に、ドラマのシーンが思い浮かびませんか。同時に、自分があの頃好きだった異性や、当時のシーンが蘇るはずです。「こうだったな、ああだったな」と感じることで、あなたは頭のなかに豊かな感情を伴った「文化」を宿すことができるのです。

さらには様々な感情がわきあがり、自分を文化的で調和されたひとつの人間として自覚し始めます。心が踊り始めるのです。

音楽を聴くにはYouTubeを利用するのもおすすめです。一曲再生すると、関連する曲が連続して出てきます。

ＭＩＳＩＡの曲を聞きつないでいくと、ドラマ「ＪＩＮ－仁－」のテーマソング「逢いたくていま」が再生されます。すると、この曲を聴くだけで、あなたはドラマのなかにいた１５０年前に生きていた健気な女性を思い出すことができるでしょう。

この場合も脳が文化的かつ情緒的な状態に活性化を始めます。

このようにして文化的な感性を蘇らせてほしいのです。

この状態こそが、情緒あふれる文章を紡ぎ出す絶好のコンディションと言えるのです。試しにこの状態でフェイスブックと向き合ってみてください。驚くほどスムーズに文章が書けるはずです。

仕事をするだけの機械になっていませんか？

心が切り替わる前の疲れた状態のあなたは、いわば、〝仕事をするだけの機械〟と同じ状態でした。苦しいし辛いし、何も考えられない。そんな心の景色が、昔好きだった曲を聴くことで、切り替わります。**仕事によって破壊された心の文化が修復され、茫然自失状態から帰還できるのです。**

毎日、ただお風呂に入って、ただ寝るだけでは、頭が文化的な状態に戻ることはありません。

ただただ、灰色な心のまま翌日を迎えるだけなのです。

だからこそ懐かしの音楽を聞き、心の末端エリアまでエネルギーを通わせて活性化してみてほしいのです。

心のソフトが文化的な状態に戻ると、感動の能力を持った心に切り替わります。

情緒あふれる人間らしい言葉が心の底から紡ぎ出され、読んでいて気持ちが伝わる文章が生まれるのです。

ささる言葉を出すために、こうして、あえてかつて心を揺さぶった音楽を耳から流し込んでみてほしいのです。

2

お笑いＶＴＲストレッチ
～間の取り方・コメント力は芸人に学べ～

■おもしろい文章を書く前に、「おもしろがる心」を手に入れよう

メールやフェイスブックあるいはＬＩＮＥの文章を書くために、あなたはふだん、何をお手本にしていますか？

著名な人のブログ、あるいは書籍でしょうか？

信じられないかもしれませんが、**ささる文章が書けるようになるには、お笑いのＶＴＲを見続けるのが効果的です。**

間の取り方やコメント力など、お笑いから学べるポイントはてんこ盛りです。

ほんの数分観るだけでも、最高のお手本が手に入ります。

「文章を書けるようになるための本なのに、なんでお笑いのＶＴＲを見なきゃいけないんだ？」

そう思ったかもしれません。しかしこれが実に効果的なのです。

お笑いの舞台では、芸人、つまり〝**言葉の魔術師たち**〟が、人生をかけて、メンツをかけて、命をかけて笑わせようとしています。

その努力の結晶から、おもしろい文章のためのエッセンスを学びとることができるのです。視聴者の心を動かす言葉たち――それをどん欲に自分のものにしてほしいのです。

さて、ここで言いたい最重要点があります。それは、**おもしろい文章を書きたいなら、まず、「おもしろがる心をつくる」ということです。**

テレビ番組「人志松本のすべらない話」は特におすすめです。

私が心を動かされたのは、千原ジュニアさんの先輩が、「俺は死ぬー」と言って川に入っていった話です。千原ジュニアさんの「先輩待ってください」という呼びかけに対し、先輩は「死んでやるー」と言って勢いよく川に入っていったのに、川が浅くて結局向こう岸に着いてしまった――というオチ。

このネタ選びのセンスと話法を私自身取り入れて、何度か文章執筆に応用させていただきました。まずは、とにかくおもしろがる心を育む。そこから始めてほしいのです。

■本を読むより、芸人さんの話を聴こう

芸人さんが選ぶ言葉には、人に笑いが伝染していくほどの、強烈なパワーがあります。

さて、ここではっきり言いたいと思います。小難しい本を読んでも、心をつかむ文章は絶対に書けるようにはなりません。

ＳＮＳの書き込みも、ちっともうまくならないでしょう。

むしろ下手になるのではないでしょうか。

腹の底からおもしろいと感じられる、魂を揺さぶられる話題と触れ合うことの

ほうが、実は重要なのです。回り道だと感じても、必ずやるべきだと思います。

お笑い動画を見ることで、おもしろいメール、おもしろいＳＮＳの発信ができる脳の状態をつくることができます。

芸人さんの間の取り方・比喩表現・言葉の強弱などは、文章表現力をつける「究極の見本」と言えるのです。

芸人さんのトークを見て、「自分もああなりたい」「あんな風に話せたら気持ちがいいだろうな」と思ったことはありませんか？　そういった〝憧れ感を抱くこと〟から、あなたの文章表現力は次第に磨かれていくのです。

さあ、本を置いて、お笑い芸人さんのトーク番組を観てください。

視覚・聴覚をフルに活用して、彼らの話芸によって〝おもしろがる脳〟を覚《かく》醒《せい》させましょう。

それが人の心をつかみ、そして脳を活性化させることにつながるのです。

3 「まるで○○」トレーニング

■感じたこと・モノを、何かにたとえてみよう

芸人さんのＶＴＲを観て、おもしろがらせる心をつくったら、次は、人の心を動かす楽しいメールやブログを書くための、具体的なトレーニングに挑戦してみましょう。

それは、あなたが出会ったことやモノを何かにたとえてＬＩＮＥで伝える**「まるで○○トレーニング」**です。これは、初歩の初歩の初歩であり、幼稚園児から１００歳の方まで、誰でもできるエクササイズです。

このトレーニングをするだけで、おもしろくて躍動的な文章がみるみる書け

るようになります。

やり方は、**一日のなかで起こった出来事を何かにたとえてみる**。たったこれだけです。これは優秀なお笑い芸人さんなら誰もが駆使する表現方法です。

タレントの彦摩呂《ひこまろ》さんは、おいしいものを食べて、「まるでお口の中が宝石箱や〜」などと表現して視聴者の心をつかみます。

彦摩呂さんと同じように、まずは今、自分が置かれている状態を客観的に「まるで○○や〜」と表現してみましょう。これが最初のトレーニングです。

■今いる職場環境を何かにたとえてみよう

たとえば、あなたが今いる職場環境を何かにたとえてみましょう。

あなたが座っているデスクは、今どこにありますか？

そこから見える景色を描写してみましょう。

そして、「まるで○○や〜」と、たとえてみてください。

おもしろいことを言おうとする必要は、まったくありません。ふつうのたとえでいいのです。

漫画『ワンピース』のように「みんなで同じ方向に向かって夢を見ている」と感じたら、「まるで『ワンピース』の船のなかみたいだ」とたとえてもいいでしょう。

会社があまり好きではないのなら、頭のなかで「動物園のチンパンジーの群れみたいや～」とたとえてもいいですね。

私がたとえた例に、こんなものがあります。

私の友達Aさんは45歳なのにとても軟派で、会話が軽すぎて軽すぎて常軌を逸しています。そこで「まるであいつはヘリウム男や～」と紹介しています。

また、体格のいい妹と温泉旅行に行ったときは、浴衣の妹に対して「まるで優勝力士インタビューや～」と言いました。もちろん激怒されましたが。これは気心の知れた家族だからこそ言える言葉かもしれませんね。

ここ数年、私はよくお気に入りの海岸に出かけ、海辺に腰かけて原稿を書いています。通りがかりのおじいちゃん・おばあちゃんが、よく私のことを不思議そうに見るわけです。「なんだろう？　この人」と。

そのとき、彼らが私のことをどう思っているか想像してみるわけです。ここでも「まるで○○」のトレーニングができます。ここで「まるでニートの暇つぶしや～」と自らを心の中でたとえてみるのです。


今、自分が置かれている状況や周りの人を客観的に「まるで○○」とたとえてみましょう。

それを自分のなかに留め、ほくほくと含み笑いを楽しんでみてください。

このトレーニングをすることで、どんどん文章表現がブラッシュアップされていきます。

「秀逸な言葉が生まれた！」と、天に昇るような気分に浸れることもあります。

それをくり返すことで、必ず自分の表現力に自信がついてくるのです。

4 誰かをイジってトレーニング

■ドキドキやワクワクは、いい文章を書くためのスイッチ

続いて、ささる言葉が「スッ」と出てくるトレーニング方法をお伝えしましょう。その名も、**「誰かをいじってトレーニング」**。私の道場生にもまだ話していない、秘密のエクササイズです。

「人をいじる」と文字にすると、あまりいい印象を持たない方もいるかもしれません。

しかし、誰かをいじることは、人の心にささる文章を考えるための、非常に大切なトレーニングのひとつなのです。

そもそも**文章を書くためには、文章を彩る〝素材〟が必要です**。その素材をそろえるためには、身近にある人やモノに特殊な角度から何らかの興味を持つことが必要になります。

人に興味を持つと、その相手と接触しながら喜ばせたり、おもしろがらせたり、何らかの愛情表現がしたくなるものです。それが、「いじる」という行為なのです。

楽しい文章を書く能力を身に付けるために、身近な誰かをいじることを心がけてみてください。

このトレーニングの目的は、**いじることによってイタズラ心をふわっとわきあがらせることにあります**。イタズラ心は、ワクワクやドキドキ、そして軽い興奮状態を伴います。そのとき、おもしろい文章を書くためのソフト、あるいはアプリケーションが起動します。

これをうまく活用することで、文章力は磨かれていきます。

■ 恋愛に積極的すぎる人は、こういじれ！

たとえば、恋愛に積極的すぎる男性がいるとしましょう。彼の誕生日の翌日は、こんな風にいじってみます。

「昨日はもちろん、一人ぼっちだよね？（君を女性同士が取り合うような）トラブル防止を考えて」と。これをあえて周りの人に聞こえるように言ってみるのです（ただし本命の彼女や奥さんが近くにいないことを確かめて）。

これは立派な〝いじり〟のひとつです。

言われた本人は「何言ってんだよ〜」と言い返しながらも、誉れ高そうな表情をしてくるでしょう。彼は日ごろから恋愛に積極的で、モテることに誇りを持っているからです。

一方、モテそうな女性には、さらに大げさに〝激モテ〟しているかのようにいじりましょう。

「その魔性のオーラがいいんだよね」。すると女性は、「私、魔性じゃないわよ」

と、必ず〝反論〞してきます。次にすかさずそこに「今度は誰を惚れさせたの？」と被《かぶ》せます。

女性は〝失礼ね！〞と反撃しながらもしっかりプライドがくすぐられています。

反対に、婚活を頑張っているけど、なかなか彼氏ができない女性に対してはどうでしょう。

このような女性は決して〝直球〞でいじってはいけません。

「誰にするのか選べない気持ちが苦しいのはわかるよ」などと言いつつ、「あまり相手に気を持たせちゃダメだよ」と、いじります。モテているという前提で〝愛のあるいじり〞をしてあげるのです。

まったくモテなさそうだとしても、そこに触れてはいけません。あえて〝モテる風〞にいじるのです。

ほかにも、私の知り合いで、離婚を機に１０００万円くらいのベンツを買ったBさんという人がいます。

みなさんなら、このBさんを、どういじりますか?

私は「やけくそベンツ」と名づけました。

もちろん悪友に最高の愛情をこめて(笑)。

■似ている芸能人でいじる

「似ている芸能人でいじる」という方法もあります。

これは、とても簡単です。


私の仕事仲間に、杉本さんという人がいます。彼はタレントの杉村太蔵《すぎむらたいぞう》さんに顔がそっくりです。

パーティーを開催するときなどは、彼のことを「杉本太蔵さんです」と紹介します。

このように、芸能人の名前とミックスするのは、誰でも簡単にできます。

さらに楽しい〝いじり方〟を紹介しましょう。もちろん文章力アップのためです。

高学歴の人で、酒を飲むとバカになってしまう人がいます。

彼のことは「でもね、学歴社会の〝ひずみ〟なんだよね」と紹介します。

「酒を飲んだときのこの痛い壊れ方は、学歴社会のひずみなんだよ。彼は被害者なんだよね」と言うのです。

「勉強しすぎるのも考えもんだね」といじりたおします。

■身体的欠点をいじってはいけない

ただし、**外見をいじるのは絶対にやめましょう。**

よほどの相手でもない限り、傷つけてしまう可能性があるからです。

見た目ではなく、必ずその人の**行動や習慣をいじってください。**

こうしてイタズラ心がわきあがると、軽い興奮状態が生じます。売れっ子の放送作家さんやタレントさんがおもしろいのは、常に心のなかがこのような興奮状態に維持されているからです。

誰かをいじるときに出てくる言葉は、自らを興奮状態にフックアップする、カンフル剤そのものなのです。

誰かを上手にいじり続ける――。その習慣があなたを〝文章上手〟な人へと押し上げてくれるのです。

5 キャッチコピーをつくる瞬発力は電車で鍛えられる

■電車のなかは練習材料の宝庫

続いてご紹介するのは、人の心をつかむキャッチコピー力をつけるためのトレーニング法です。

電車のなかで出会うおもしろい人に、ひそかに名前をつけてみるというものです。

お酒が入って愉快に壊れた人を電車内で観察して、名前をつけていくのです。

私はこのトレーニングのためにわざわざ最終電車に乗るほどです。実際の修業の様子を紹介しましょう。

車内で座っていた私の目の前に、酔っ払ったおじさんが立ちはだかりました。ベルトの位置はヘソより上。ハイウエストです。体型はちょっと太め。タレントの芋洗坂《いもあらいざか》係長さん風です。

また、ズボンは3タックで、裾はダブル、しかも色は若草色。若草色ですよ？　それだけでも「いただき！」という感じなのですが、まだその先があります。その人は酔っ払った状態で電車の手すりにつかまっていて、そのまま眠ってしまいました。手すりを握る手はだんだん下に下がっていきます。

しかし、下がるのは手だけ。お尻の位置はキープした状態。とうとうマドンナのPVに出てくるストレッチポーズになりました。気づくたびに体勢を整えるのですが、また再びだんだんにずり落ちます。

まるでポールダンサーのようでした。

私はこのおじさんを「ポールダンスおじさん、ハイウエストエディション」と名づけました。この一部始終をフェイスブックでレポートしたとたん、笑いの嵐が巻き起こりました。

「カリフラワーおばさん」と名づけた人もいます。

それは品川に向かう電車のなかでした。パーマのかかった髪の毛のボリュームが通常の40％増しくらいになっている女性がいました。そのボリュームは、いまだかつて見たことのないくらいの幅員超過《ふくいんちょうか》ぶりでした。

横に広がりすぎて、隣の人の顔にかかっていました。隣の人は、その人の髪の毛が触れてかゆかったのでしょう、何度も手でその髪の毛をよけています。私は何度も笑いをコラえました。笑っているのがバレてしまったら、「あんた、何笑っているのよ」と、言いがかりをつけられるかもしれません。

私は目を右にそらしました。

すると夕焼けが電車の窓を照らした瞬間、彼女の髪の毛のシルエットが、電車の地面に影となって映りました。まるでカリフラワーの影絵のようでした。おかしくて窒息しそうになった私は、手を噛んで笑うのを我慢。無呼吸のまま車両を移りました。

フェイスブックでこの一部始終をレポートしました。爆笑の嵐が起こったことは、言うまでもありません。

どうですか？　くだらないですね。バカですよね。そして幼稚だと思います。

でもこの〝悪ふざけ〟こそが、人の心をつかむ文章を作成するために必要なのです。

このトレーニングをするのにぴったりの時間帯は、21時頃から終電までです。大切なのは、ネタと出会った直後の心が高鳴っている状態、感情が高鳴っている状態で早めに文字に落とし込むということです。

決して、冷めた状態で書いてはいけません。「採れたて産地直送」の状態で発信するのです。

ただし、誹謗中傷になったり、誰かを傷つけるようなことはいけません。写真を勝手に撮ってアップするのもルール違反です。「愛」を持って書くことを心がけましょう。

このくだらない電車内でのネーミングごっこが、あなたの文章発信センスを抜群に高めてくれるのです。

要は、人を動かす文章を書くには〝イタズラ心〟が大切ということです。

6

既にあるモノの名前を自分流に表現してみる

■言い換えることで文章力はアップする

次の練習は、既に世の中にあるモノを自分の言葉で表現してみるというレッスンです。あえてオリジナルの名前をつけることで、**オリジナルの表現を鍛えるトレーニング**になります。もともとあるものを言い換えるだけなので、とても簡単です。

たとえば、メールは「電子手紙」、パソコンは「電子作業箱」と言い換えることができます。スマホだったら「賢い（かもしれない）電話」ですね。なぜ「かもしれない」のかと言うと、使い方がめんどうで、まったくスマートさが感じられないスマホもあるからです。ガラケーのほうが使いやすいという人もいますしね。だから「賢い（かもしれない）電話」です。

さらに、化粧ポーチだったら「化け絵の具袋」「化け袋」でもいいでしょう。コンパクトミラーだったら「自分大好き窓」。あえて言い換えてみるレッスンだと思って少し毒を含んで表現してみてください。

コンビニは「24時間ライフラインステーション」ですね。ほかにも、色々な〝言い換え〟練習ができると思います。

ちなみに私は、しわしわのシャツのことを「形状記憶喪失シャツ」と名づけました。「シャツがしわしわですね」、「はい。形状記憶喪失仕様です」と。

もっと身近なアイテムにもチャレンジしてみましょうか。

家族に虐《しいた》げられていた旦那さんは「生命反応付きＡＴＭ」、浮気性の旦那・彼氏は「恋の多角的経営者」または「多角的恋愛マネジメント」、専業主婦は「文化的家族生活統括部長」や「文化的家族生活執行取締役」。役職がつくと、リスペクトしている雰囲気が出ますね。

仕事が続かない人、職業を転々とする人は〝何をやっても続かない人〟ではなく「転職ゼネラリスト」ですね。逆に、転職をしない人は、「運命の仕事に就けた人」と表現できます。

どれもこれもくだらない言葉遊びに見えますが、人の心をつかみ、そして動かすための楽しい〝修業〟のひとつです。

■日記を昔の言葉で書いてみよう

このほかに、**「日記をすべて江戸時代の言葉で書いてみる」**というのもおもしろい練習です。電子機器などカタカナの物を、漢字で言い換えてみてください。それで日記を書くのです。

たとえば「朝起きて、『電子手紙』をチェックし、『共有式日記』（ＳＮＳ）に今日の行動を記載し、徒歩で駅まで歩き、『接触式乗車通行手形』（Suica）で改札を抜け……」というようにです。

友達同士でこんなメールをふざけて送り合うだけでもいいでしょう。これによりクスクスと笑ったり、「そういう表現があったか。アハハ、いただき!」といった会話が生まれ、自然に表現力を鍛えることができます。

フェイスブックに書き込んでも楽しいです。

すべては、オリジナルの表現を書き出すための練習です。世の中にあるモノに、ゼロから生み出されたものは少ないということに気づくこともできます。

人に読まれる文章、人の心をつかむ文章、人を鼓舞させる文章、人をやる気にさせる文章を書くための〝柔らか頭〟が少しずつ構築されていきます。

7
熟成の法則

■おもしろい出来事は、そのまま伝えずいったん寝かせる

道を歩いていたり、あるいは仕事中に思わずふき出してしまいそうなおもしろい出来事に出会ったとき、あなたならどう表現しますか？

すぐに「キャー」とか「ワー」とか「どうしよう」とか、思った通りに驚きの感情を外に吐き出してしまってはいませんか？

そんなときは、すぐに吐き出さず、あなたという圧力鍋のなかで一度熟成してから書くのが得策です。そのほうが数倍おもしろいものになります。せっかく出会ったおもしろい出来事をしっかり一度自分のなかにしまい込むことが大

事なのです。

まずは、あふれ出る笑いを苦しくとも一度押し殺してください。震える体で、その状態を一枚の写真として**客観的に受け止める**のです。**キュッと感情を押し殺して、圧力鍋の中に押し込むように、おもしろい状況を心の圧力鍋でグツグツと熟成させるわけです。**

30秒もすると、やがて出来事を形容する言葉や比喩が沸騰するようにわきあがってきます。その勢い余る表現こそ、最もおもしろく感じられる〝上物〟のフレーズたちなのです。

たとえば、電車のなかでズボンのチャックを全開にしているおじさんがいたとします。開けっ放しにもかかわらず、渋いキメ目線で窓に映った自分を見ています。

この出来事を熟成させないとこうなります。「キャー、信じらんない、チャックが開いてるんですけど」。これはただの直球。ちっともおもしろくありません。これではいけません。まるで大間のマグロをネギトロにして食べているようなものです。もっとしっかり素材の味を活かしましょう。

あわてず、動じず、ぐっと堪えて色々な角度からその事態を観察してみてください。そして、チャックが開いていることを「あれは彼なりのファッションのこだわりなのかもしれない」というとらえ方をします。するとその瞬間、新たな言葉が堰《せき》を切ったようにあふれ出します。

「チャックを開け、〝着崩し〟を演出している」。このように一歩引いて客観的に言葉を圧縮気味に表現します。さらには、こう加工します。

「チャックが全開。それは彼こだわりのバランスを取ったアクセント。ボトムスの着崩しにより、〝抜け感〟を演出している。これからこの街に溶け込む彼をまぶしく見送りたい。初デートはこれで成功したも同然。彼女のハートもワシづかみだ」

少し引いたところから冷静に抑えて表現をする。

この一連の流れを**「熟成の法則」**と私は名づけています。

おもしろい出来事に出会ったら、冷静に、あえてその稀な状況に感謝の念を抱いてください。プッと吹き出しそうな相手をしっかり直視し、**ひと呼吸置いてから、起こっている状態に対し、畏敬の念を抱きます。実況中継はその後です。**「こんなにおもしろいものをタダで見られるんだ。ありがたや」。そんな丁寧な気持ちになることが大事です。

出会った出来事を一度圧縮し、心を整えて冷静に実況すると、言葉に言霊が宿ります。マグロも、揚げてすぐにさばいて食べると、さほど美味しくないものです。ちょっと熟成させたほうが美味い。トロの部分をわしづかみにして一気に口に入れるのではなく、少しずつ、丁寧に皿に盛って出します。これで美味しさが増します。

言葉も海産物と同じです。**「美味しいものをそのまま表現せず、時間を置くことによって熟成させて、おもしろ味を引き出す」**。これぞ「熟成の法則」です。

8

いい文章の9割は「山手線ゲーム」で見つかる

■語彙力を楽しみながら鍛える方法

メールや文章が書けない人のなかには、語彙《ごい》力がないのが原因だと思っている人も多いものです。そんな人は、まずゲームで語彙力を高めていきましょう。

語彙力を高めるトレーニングとして、**「山手線ゲーム」**を使います。

飲み会・合コンでよく出てくるこの山手線ゲーム。これは、私の運営する文章学校「潮凪道場」でもよく行うトレーニング法です。テーマをひとつ決めて、それについてネタが出なくなるまでみんなでネタを出し合うというものです。

JR山手線内にある駅名がテーマなら、思いついた駅名を一人1個ずつ発言していきます。

たとえば、私は道場で「タイトル力をつけるトレーニング」として応用しています。ここでは山手線ゲームの要領で、思いついた言葉を言ってもらうというものです。

インターネットで人気が出る記事のタイトルには法則性があります。たとえば「180日で電撃結婚をする7つの奥義」といったタイトルです。こういったタイトルをいきなり考えるのは難しいので、まずは語彙力を増やしていきます。

具体的には、締めの言葉にあたる「7つの奥義」の「奥義」などの言葉を考えていきます。「7つのコツ」「7つの秘密」「7つの定石」「7つの戦略」「7つのメソッド」という感じです。

これを、山手線ゲームを使って、自分の表現に言い換えていきます。全員でエキサイトしながら出し合うので、30〜40個のタイトルが絞り出されます。これにより、文章タイトルを考える瞬発力と語彙力が鍛えられるのです。

ほかにも、このトレーニングを**形容詞・形容動詞に特化して行なってみること**

で文章は何倍も艶《つや》を帯び、人の心にしみ込むパワーを得ます。

たとえば、美しい女性を形容する言葉をみんなで出し合ってみましょう。「麗しい」「透明感がある」「艶っぽい」「エレガント」……色々出てくると思います。

また、「おもしろい」という形容詞だとどうでしょうか？「知的欲求が満たされる」「笑いすぎて過呼吸になりそう」「海馬にビンビンきた」「夜も眠れなくなりそう」「会議で思い出して吹き出しそう」「10人ぐらいに話したい」などとなります。

こんな風に、形容詞・形容動詞を自分で紙に書いてもいいでしょう。あるいはみんなで声にして出し合うのもいいと思います。きっと、**ありきたりの表現ではない、オリジナルの表現が見つかるはずです。**

単なる「おもしろい」「おいしい」「魅力的」「かっこいい」「楽しそう」「美しい」という単調な言葉が、オリジナルの表現に変わっていくのは、とても楽しいものです。メールを送るときやSNSで発信するときの言葉選びが楽しくなります。

語彙力を増やすためにも、ぜひ山手線ゲームを活用してみてください。

9 ニュースの見出しを見つけストックする

■ニュースの見出しをストックしよう

メールやブログで、相手が読みたくなるような見出しの付け方がわからないときは、スマホのアプリでニュースを見てトレーニングをするのがおすすめです。

スマホでニュースを見ていると、「驚愕」「これは使える」や「わ！　見たことがない」などの、あおりの言葉を見出しの冒頭においている記事があります。

そのなかで、**自分が引き込まれた見出しを見つけ、ストックしていけばいいので**

す。そうすることで、相手が読みたくなるような見出しの〝お手本〟がどんどん溜まります。「驚愕！」「見たことがない」という見出しで、友達にＬＩＮＥを送ってみたり、ブログで使ってみるといいでしょう。

見出しには、あおり言葉の後に、「○○が△△できる３つの方法」などの「できる」という言葉が入っています。つまり、「読み手のメリット」が入っているのです。

あとは、「３つの方法」のようにメリットと数字を組み合わせ、「数」や「方法」、「メソッド」「キモ」「ポイント」「戦略」のような言葉が入ります。

これは、記事を読ませるタイトルの付け方です。ウェブメディアでは、この手法によって瞬間的にＰＶ数を稼いでいます。

とはいえ、今すぐ、プロの作家やライターとして文章を発信するわけではありません。「気の利いたメールをすぐに送ることができる」「ブログを一日数分で発信できるようになる」、まずはこれを目標にやってみてください。

この方法は、たとえ趣味のブログやフェイスブックだとしても確実に効果が出ます。

まず、**「必見」「最高」や「一回行ったら忘れられない」などの、とびきりふりきったあおりを考えましょう**。その後に「あなたが◯◯になる」といったようなメリットを書きます。

たとえば、知り合いにお気に入りのお店やキレイな夕日スポット、絶景の夜景スポットなどをすすめるときはこうします。

「必見！　絶対に彼がプロポーズしたくなる秘密の夜景スポット」と書いて、URLをくっつけて友達にLINEで送ります。そうすると、友達は絶対にそれを読みます。フェイスブックで書いても必ず読まれるでしょう。

何より、相手が行動を起こし、「あの場所はすごかったよ」「おもしろかったよ」「いいことがあったよ」という風に相手がハッピーになり、あなたもそれを聞いて一緒にハッピーになることができるはずです。

先に紹介した山手線ゲームは、どちらかと言うと複数のメンバーで行なう言葉出しのエクササイズですが、このニュースアプリのエクササイズは、自分一人でもできる言葉のトレーニングとなります。ぜひお試しください。

10 ほめ言葉は10種類用意せよ

■人間関係を劇的によくするほめ言葉とは？

言われた側が喜び、言った側も幸せな気持ちになる――それがほめ言葉です。これを頻繁に伝え合うだけで、人間関係はますます良好になり、人生が有意義なものへと変化します。

ところがこのほめ言葉、伝え方がうまくないと、正確に伝わらないことが多々あります。

ほめ言葉は**10種類以上用意しておきたいものです**。その10種類を使い分けることにより、人生は今よりもっと自由自在に、生きやすくなります。

ほめ言葉には強い言霊が宿っています。そして**相手の人生を変えるほどの魔力を持っているのです。**なぜそんなことが言えるのでしょうか？　それは相手が新しい行動を起こし、成果を得るきっかけとなるからです。

達成感を得た相手は感動し、それをあなたにも共有します。そして共に幸せになれるのです。

相手に送る何気ないほめ言葉としては、「一緒にいると元気が出るよ」がいいでしょう。素晴らしい技術を持っている人に対しては、「リスペクトするわ～」という言葉を送ります。

女性に対して言うなら、「相変わらず艶《あで》やかですね」「素敵に華やいでますね」などがいいでしょう。

■職業別・ほめ言葉

男性に対しても女性に対しても使えるほめ言葉としては、**「色気あるよね～」**がおすすめです。たとえば、スポーツ選手に対して「あの選手は色気があるね」

と表現する解説者もいます。本気で戦う人のことを「色気がある」と表現するなど、色気は万能のほめ言葉なのです。

おもしろいことを言う相手に対しては、最上級の尊敬の気持ちで**「はらわたえぐられた！」**と伝えるのがいいでしょう。

芸術家やクリエイターには、最上級のほめ言葉で**「クレイジーですね」**がいいでしょう。先輩に対しては**「先輩が、自分のゴールイメージです」**と言ってみてください。

こういった言葉をいつもストックしておいて、いざというときに使います。とにかく、**ほめ言葉の在庫を持つことが大事です**。在庫がないと、ほめ言葉がぎこちなくなります。

ほめ言葉の在庫を持つためには、ほめ言葉のストックを見ながら頭のなかで言葉を反復するしかありません。「こういうときは、こういうほめ言葉を使うんだな」と常に訓練するのです。

■ほめ言葉を貯金しよう

色々な人を見て、ほめ言葉を創造し、そして貯金していきましょう。**ほめ言葉は、素晴らしい人たちから得られるもの**です。そういう人たちと接触できるように、常にアンテナを張りめぐらせながら生活してください。

周りにリスペクトできる人たちがたくさんいるライフスタイルをつくることが必要です。

人の揚げ足をとったり、悪口ばかり言っている環境にいても、ほめ言葉を得ることはできません。

その反面、素晴らしい人たちが多くいる環境に自分を連れていけば、ほめ言葉は呼吸をするようにあふれ出るのです。

素晴らしい人と接点を持つには、転職しなければならないかもしれないですし、職場以外に素晴らしい人たちが集まる世界をつくる必要があるかもしれません。

ライフスタイルは、誰も与えてくれません。お金でも買えません。自分の力で築くものです。

それができないとあきらめること——それは、人生を楽しく過ごす時間を放棄することと同じです。すべては、あなた次第なのです。

11

スポーツ後の爽快感が文章をうまくする

■スポーツ後に書く文章には、言霊が宿る

あなたの好きなスポーツは何ですか？　ゴルフ？　ジョギング？　サーフィンなどのマリンスポーツ？　あるいはヨガ？　エアロビクス？

信じられないかもしれませんが、私たち人間は**スポーツをすることで人の心を動かす文章を書けるようになるのです。**

一度スポーツを楽しんだ後に、だまされたと思って、心の状態を素直に文字にしてみましょう。

体中の血行が活性化し、心も躍動的になっている。この状態で書くことに意味があります。

スポーツ後の感覚を文字にするとこうなります。

「爽やかだ」「呼吸がラク」「体のなかにいい気が流れている」「体が鍛えられ、満足度が高い」「運動が終わった後、乾いた喉に流し込んだビールが最高にうまくて、身体中が痺れるように喜んでいる」「スポーツドリンクがビールよりもうまかったよ！」

スポーツをした後は、体と心がふだんとは違う状態になるので、その差を認識しやすいのです。構えなくても、思ったことを言葉にするだけでいいのです。心に耳を澄まし、感じている体の感覚を上手に拾い、それを箇条書きにしてみるのです。

そしてできあがった文章を、たとえばスポーツ後のスナップと一緒にＳＮＳにエイッと載せたり、友人に送ってみてください。これを見た読み手の心が必ず動くはずです。

その理由は、言葉に言霊が、魂が宿っているからです。あなたのその心の状態が文字に乗り移るからです。あなたの心、そして**体が躍動的になっている状**

態で紡ぎ出した文字とその文章は、必ず人の心を動かすことができるのです。

あなたの文章を見て、一緒にスポーツをやってみたいと思う人が出てくるかもしれません。

「どんな気分なの？」と質問を投げかけてきたり、「どこで始めればいいの？どこかいい練習場を教えて」「おすすめの入門書はある？」など、読んでくれた人とやりとりが発生することもあります。

いずれにしても、読者の心を動かし、行動を喚起し、その人を新しい未来へと導きます。

スポーツ後に感じているその爽快な状態を文字にするだけで、人を動かすことができるのです。同じ趣味の人が増え、スポーツの楽しさを皆で共有できたら、それは大変幸せなことです。

12

夜遊び後の恍惚感を表現してみる

■夜遊びした後は、心の声が聞こえやすくなる

スポーツ以外にも、いい文章を書けるタイミングがあります。

それは、夜遊びをした後です。

飲み会やカラオケなどの夜遊びをした後、あなたはどうしていますか？　そのまま酔いつぶれて、帰宅するやいなや、寝てしまっていませんか。

実は、**夜遊びの後は、文章を書く大チャンス**です。不思議とすらすら言葉が出てくる時間なのです。嘘だと思う人は試してみてください。メールの文章もフェイスブックなどへの書き込みも、別人が書いたように文章がすらすらと、そ

して生き生きと書けるはずです。

夜遊びは、仕事や勉強をするわけでもありません。いわば、自分と向き合い、**生きることを楽しむ時間**です。人間として、もしくは動物として、生命体として、最も幸せな瞬間です。

現実逃避して、別世界の自分に酔いしれることができるのです。

そして夜遊びの後、人は生きる意味を知ります。生きていることに感謝するのです。

まず、自分の心の声がもっと聞き取りやすくなります。ふだんの私たちは「○○しなきゃ」「責任を全うしなきゃ」などと、何らかの型にあてはめて行動しようとします。

しかし、夜遊びは、そういう心の型を取り外してくれるのです。

そして、自分の気持ちに正直になれる。それが夜遊びの後に文章がうまくなる理由です。文章に苦手意識がある人は、**夜遊び後に抱く恍惚《こうこつ》感を文字にする習慣を身に付けましょう**。「文字なんて、自分の心を拾って文字にすればいいだけなんだな」ということに、身をもって気付けるはずです。

このトレーニング方法については、私も何度も実践しています。お酒をあまり飲まずに、夜遊びを楽しみ、体力を残して家に帰って、それから1時間ぐらい文章を書きます。すると、夜遊びをする前は仕事で疲れて書けなかったはずなのに、不思議なことに文章がスラスラとあふれ出てくるのです。

夜遊びのおかげで、数時間前よりももっと書ける状態になっているのです。これはプロの書き手ならば、誰でも経験があることだと思います。

さらにいいことがあります。時間を忘れて楽しみながら文章を書いた後は、大きな満足感、恍惚感を感じながら眠りに落ちることができます。短時間しか眠らなくても、達成感で次の朝もスッキリと起きられます。

あなたも私と同じ人間のはずですから、必ず同じ感覚を味わってもらえるはずです。試しに今週末、夜遊びに行って試してみてはいかがでしょう。

帰宅後、心に浮かんだことをフェイスブックやブログに書き出したり、あるいは友達や家族、恋人に送ってみましょう。

街のネオンや夜景と楽しい写真を撮って、写真とともに発信してみてくださ
い。机の上で、「書かなきゃ」と思っているときよりも、生き生きとした文章が

書けるはずです。しかも、心が躍動している状態の執筆ですから、読んだ人から必ずいい反応が発生します。

夜遊びの後は、自分の気持ちをきめ細かく拾い上げる絶好のチャンスです。一度うまくいけばクセになって、何度も実践したくなるはずです。これをくり返すうちに、文章への苦手意識は必ず緩和されるはずです。

くれぐれも、お酒の弱い人は、飲酒をほどほどにとどめておくことをお忘れなく。

13

誰かを好きな気持ちを表現してみる

■恋が文章表現力を豊かにする

世の中には無数のラブソングが存在します。何万、何十万と、数えきれないほどの恋愛の曲が存在しています。

恋は人をクリエイティブにします。自分の気持ちを表現せずにはいられない、相手に伝えずにはいられない状態にしてくれるのです。

恋とは、夢のない言い方をすれば、脳内のちょっとした自然現象で、化学反応です。しかし、この自然現象により心が躍動し、ドキドキワクワクして体中の血行がよくなるのです。

世の中の芸術の多くは、恋の力によって生まれたものです。この力を利用しない手はありません。

本書のなかでくり返し言っていますが、相手に伝わる文章、相手を動かす文章、感動させる文章を書くには、いかに**書き手の心が動いているか**が重要です。そう考えると、恋という**感情のスクランブル状態が、いい文章を生み出すのに効果的**なのは言うまでもありません。

今、好きな人がいますか？　その好きな人の顔を思い浮かべてください。昔好きだった人でもかまいません。その人のことをどんなふうに好きなのか、もしくは好きだったのか、ノートに思うままに書き出してください。

ここで言う「好きな人」は交際相手でなくてもかまいません。LOVEとLIKEの中間的な関係の人でもいいですし、アイドルやスポーツ選手でもいいのです。

自分の心に寄り添い、誰かを好きな気持ちを文字にしてみてください。「どのように相手のことを好きなのか」「何をしてあげたいのか」「どこに一緒に行きたいのか」。これらを素直に文字にしてみればいいのです。

こうすることで、あなたは**自分の本当の心と向き合うことができます。**

そして、その文章を誰かに見せれば、読んだ人は必ず心が動かされるはずです。あるいは、あなたのことを好きな相手に送ったなら、飛び上がって感激するでしょう。

もちろん、必ずしも誰かに見せるつもりで書く必要はありません。書いた後、破って捨ててもいいでしょう。とにかく、文字にしてみることが大切なのです。

文章が苦手だと思っていた人でも、誰かを好きな気持ちに限っては、すらすらと100文字や200文字、あるいは原稿用紙1枚分を、すぐに書けてしまうはずです。

恋愛を忘れていた人でも、きっと、切ない想いや、ワクワク感を思い出して、楽しい一人時間を過ごすことができるでしょう。

忙しい生活をしていると、心を失くしてしまうものです。しかし、この作業により心を取り戻し、生きている実感をかみしめることだってできるのです。

まずはたった一行でかまいません。**誰かを好きだという気持ちを素直に表現し**

てみてください。文章がいつもの何倍もスピーディーに、そして躍動的に書けることに驚くはずです。

14 感謝の気持ちを文字にしてみる

■「○○さんのおかげで××できた」を書き出してみる

忙しい毎日を過ごしていると、ついつい感謝するのを忘れてしまいがちです。よくないことだとわかっていても、忙しすぎたり、仕事でイライラしたりして、感謝するどころか心のなかが怒りで満たされてしまう。それが、現代の働くビジネスマンの現実です。

特に、20~30代の働き盛りの人たちは、仕事に対して全力疾走せざるを得ず、心から感謝する時間さえ与えられていません。

そんなときに、心を健康的な状態に戻す方法があります。しかも、心を整えるだけではありません。心をつかむ文章力のトレーニングにもなるのです。

「○○さんのおかげで××できた」と、感謝の気持ちを10個、紙に書き出してみてください。

「○○さんのおかげで仕事の取引先が増えた」「○○さんのおかげで仕事の納期が間に合った」「○○さんのおかげで恋人と出会えた」「○○さんのおかげでイベントが成功した」「○○さんに相談したおかげで悩みが解決した」などです。

最初は思い出すのに少し苦労するはずです。しかし、これを2個、3個、4個と書き出していくうちに、心がどんどん感謝モードに切り替わっていきます。たくさんの**「ありがとう」**や**「おかげさまで」**という言葉が出てきます。「産んでくれてありがとう」という言葉まで飛び出してくるかもしれません。あるいは、もっと遡《さかのぼ》って「ご先祖様、命のリレーをつないでくれてありがとう」という言葉が出るかもしれません。

成功法則を描くビジネス書では、「感謝した者の勝ちである」とよく言われています。感謝すると、穏やかな気持ちになります。イライラせず、くよくよせず、前向きな状態になります。社交的になり、仕事の成果もどんどん上がっていきます。

これにより、あなたは誹謗中傷や悪口、攻撃などにも屈せず、そのまま前に加速前進する心の強さを身に付けることができます。さらに、心のなかがとても快楽に満ちた状態になります。ギスギスした気持ちはどこかに消えてしまうのです。

やがて心が丸くなり、呼吸が穏やかに整います。視野が広がり、効率よく物事が解決できるようになります。まるで、コンピュータの性能が上がったような状態と同じです。

このとき脳裏に浮かんだ感謝の言葉を、実際に誰かに送ってみてください。これは**送った相手を幸せにする言葉であり、あなたとの絆を強める言葉です**。そして、プロジェクトの精度や達成度を向上させる**「人を動かすメール」**でもあります。

「人を動かす」と言うと、策略的に聞こえるかもしれません。しかし、本心なので、まったく「あざとい」という類のものではありません。心がこもった本物の贈り物なのです。

冗談ではなく、実際に送ってみてください。さらには数人に送った後の、心のなかの状態を感じ取ってみましょう。あなた自身、とても満たされた心理状態になっているはずです。

さらにはその後、相手から返ってきたメールをかみしめてみてください。あなたはますます幸せな気分に浸れるはずです。これぞ、文字がつくり出した幸せの連鎖現象です。

これを、まずは3ヶ月、そして4ヶ月、半年、1年とくり返してみましょう。あなたの人生の幸福指数は、信じられないくらい増幅するはずです。

どうしても感謝の言葉が出てこない人は、ぜひお墓に行ってみてください。そこにはあなたの先祖の名前が刻まれています。この方々は一生懸命に生きて、命のリレーのバトンをあなたにつないでくれた人たちです。無理に感じようとしなくても、体の底から感謝の気持ちがわきあがってくるはずです。ＤＮＡが強烈にそう後押ししてくれるはずです。

15 ささる言葉はビーチにある！

■「どこで書くか」が文章の質を左右する

物書きである私が常々思っていること、そして驚いていることがあります。

それは、同じ内容の文章でも、密室のデスクで書くのと、大好きな逗子や葉山のビーチで書くのとでは、まったく別の文章になることです。開放的でいながらにしてきめ細かく、心が引き込まれる文章になるのです。

「文字は環境で書け」――。うまい文章を書きたいと思ったら、**大自然に足を運んでください**。部屋でうんうん唸りながら書くのはもうおしまいです。自然のリズムに心を合わせ、呼吸を整え、そしてその環境がくれた言葉を紡ぎ出すのです。

私の場合、海に行くと、心の扉が開き、感じていることを自然に表現することができ、すらすらと文章が出てきます。「こんなに書けるなんて嘘みたい」と、毎回行くたびに驚きます。

自然の力を借りることで、あなたも同じ状態になることができるのです。**密室で得られる心の躍動と、自然のなかで得られるものとでは、まったく違います。**

心が大自然のリズムになり、周波数が変わります。もちろん、街のなかでも躍動感を感じることはできますが、それは人間がつくった文化のなかでの周波数です。自然のなかとはまったく違います。

海に行ったら、まず何も考えずに、その場所に来たことを素直に喜んでください。そして、「少し昼寝してもいいや」というくらいの軽い気持ちで自然と一体化し、心を溶かします。すると、次第に心が納得して、作業しよう、文章を書こうという気持ちがわきあがってくるのです。このようにして**自分のご機嫌を取る**。それが文章表現力向上のコツです。

機嫌を取ったら、そこで大切な人にメールを書いてみてください。恋人でも家族でも、親友でもいいでしょう。

特に効果的なのは、昔は仲が良かったけど、最近は音沙汰のない友人です。ふだんの生活場所だと、自分で勝手に理由をつけて、相手にメールを送らない選択をしてしまうものです。「忙しいだろうから」「もうだいぶ疎遠だし」とか、「私のことが嫌いかもしれないし」といったように。

しかし、自然のなかにいると、相手との些細なすれ違いを忘れることができます。互いが出会えたことに感謝する気持ちがわきあがり、素直にメールを書くことができてしまいます。出会えたこと、一緒に積み重ねてきた思い出に感謝し、「これからも緩やかによろしくね」という思いを、メールで送ることができてしまうのです。

メールだけでなく、SNSでもいいでしょう。ときには電話もいいかもしれません。あるいはもし、あなたから周囲への返信が遅れて迷惑をかけていたとしたら、次のような文章を送ってみます。

「最近、忙しくてレスが遅くて、ご迷惑をおかけしています。もう少しだけ見守っていてください。これからもよろしくお願いします」

このように一言送ることで周囲も安心し、その後に人間関係が変わるはずです。

なかには、どうしてもビーチが苦手な人もいるでしょう。大自然は海だけではありませんから、山や川に行くのもいいでしょう。温泉などもおすすめです。空と緑と水と土があって、大地の香り、地球の香りがする所に行ってみてください。

まず、くれぐれも現地に着いたら**その場でわきあがった欲求を満足させることが大切です**。誰かと話したいなと思ったら、誰かと話せばいいし、ビールを飲みたい人は飲めばいい。走りたい人は走る、歩きたい人は歩く、写真が撮りたい人は写真を撮ればいいでしょう。

自分の欲望を満たすことで、心が緩み、寛大な気持ちになります。その気持ちさえあれば、愛情あふれる文章や周りが楽しくなる文章は簡単に書けてしまうのです。

第３章

これで心をつかむ文章を書けるようになる！

〜すぐに使える潮凪流・文章メソッド〜

1 メールでは、宛名をあえて「フルネームで」書くべし

■相手の名前を書くと、心が動く

仕事をしていると、さまざまなタイプのメールに遭遇します。名字だけを書いて「山田様」と送る人、もしくは初対面にもかかわらず「山田さん」と送ってくる人もいます。そうかと思えば会社名から肩書きまで、3～4行にわたって細かく丁寧に書いてくる人もいます。

さて、こんなとき、「会社名・部署・フルネーム・様」がきちんと書かれていたほうが、大切に扱われていると感じますね。特に、出会った直後に丁寧なメールを送ってもらったら、大切にされていることだけでなく、自己重要感も感じ

られるはずです。

ところが、会ったばかりで、しかも仕事相手なのに、名字だけで「〇〇様」あるいは「〇〇さん」と書かれているメールが送られてきた場合は、自己重要感を感じることはまず困難です。

しかし、世の中には色々な人がいます。ここは安全策を取っていきましょう。相手との距離を縮めるために、**最初のメールには「会社名・部署・フルネーム・様」を入れて丁寧に書くのが得策**です。特に、出会った直後はそれをおすすめします。

もちろん時間がない場合もあるでしょう。しかし、これを確実に行なうことで、あなたに対する信頼感は必ず高まります。同時に相手も、**あなたのことを重要な人物として無意識のうちに認識するようになる**のです。

カーネギーの『人を動かす』では、次のように紹介されています。

「人に好かれるいちばん簡単で、わかりきった、しかもいちばんたいせつな方法は、相手の名前を覚え、相手に重要感を持たせることだ」と。

さらに「有権者の名前を覚えること——それが、政治的手腕というものである。それを忘れることは、すなわち、忘れられることである」と書かれています。

また、ナポレオン三世は政務多忙にもかかわらず、紹介された人の名前を全部覚えていると公言していたようです。

このように、**大きな事業を成し遂げた人、人からの信頼を得た人、あるいは人を幸せにする「人たらし」の人は、相手の名前の取り扱いをとても重要視するのです。**

今日から仕事で出会った人の宛名をフルネームで書いてみてください。一回目はもちろん、せめて二回目のメールまでは、そうしてみます。

仕事が進むようになったら、相手が堅苦しく感じてしまう場合もあるので、途中からだんだん崩していきます。

このように、会った直後は**「あなたのことは、きちんと重要に思っていますよ」**というスタンスを伝えて、ベストな関係をつくっていきましょう。

2 いつも笑っているトーンでメールを送るべし

■感じのいい人は、断りメールのなかにも笑顔が見える

世の中にはメールのコミュニケーションの達人と呼ばれる人が存在します。と同時に、彼らは人間関係の達人でもあります。相手をいい気持ちにさせ、鼓舞させ、モチベーションを維持し、動かすことができる人です。

それだけでなく、ふつうの人が言いづらいような断り文句でさえ、彼らは相手を楽しませるような表現で書き、送信してしまいます。

先日知人から、ある画家の女性を紹介されました。彼女は「イベントを盛り

上げるので、自分の絵を飾らせてほしい。絵を通じてこのイベントのよさを世の中に伝えたい」とこちらに申し出ました。モチベーションはとても高く、私も触発されました。そのときは、もちろんこれから一緒にやっていくものだと信頼していました。

しかし翌日、やっぱり辞退しますという旨のメールが来ました。

通常、プロジェクトを組んだときに、翌日「やっぱりやらない」と言ってくるのは、大人がやることではありません。それは信頼関係の喪失と人間関係の終了を意味します。人によっては、その人物を紹介した人にまでクレームを言うかもしれません。

私自身、とても残念に思いましたが、ひとついいことがありました。その人が、断り文句すらも楽しそうな雰囲気で送ってきたということです。200文字ぐらいのさらっとしたものでしたが、「私が今やりたいのは□□じゃなくて、○○だとわかったんです。ありがとうございます。なので、私はそちらの方向で精一杯頑張ります」と書いてありました。

そして、最後の文は「これからもよろしくお願いします。一緒に楽しい世界をつくっていきましょう」と結ばれています。私のほうは、腹が立つどころか楽しい気分になってしまいました。

もし彼女が、やめる理由を長々とまじめに書いていたら、結果は違っていたでしょう。

私は「こちらに落ち度があったんじゃないか」と、自分を責めていたかもしれません。あるいは「先に言えよ！」と怒りを覚えていたかもしれません。彼女は、最初に「大変申し訳ありません」とビシッと謝って、あとは前向きなことを書いていきました。楽しく微笑みかけるように……。

このように、**断り文句に微笑みを添えると、雰囲気がギスギスしません。**しかも、相手を怒らせずに済みます。

たとえば、あなたが行きたくない飲み会に誘われたとしましょう。断りたいのだけど、「行きたくない」とはっきり言う勇気もない。そんなときは、笑いながら断り文句を送ってしまいましょう。自分の心も痛まないし、相手も痛みません。

「その日は行けない」という文は、最初に少し入れるだけにして、その後は、ワクワクした気分で自分が優先したいことを書きましょう。たとえば、「今、自分の人生をどうするか向き合いたいと思っている。その日は行けないけど、盛り上がってね」。さらには「ちょっと行くことはできないんですけど、これからも頑張りますから、よろしくお願いします」と付け加えます。

このように、最後はとにかく、うまく自分の話に持っていってください。ある意味、**自己陶酔して書くくらいでちょうどいいでしょう**。そうすることで、向こうも「仕方がないな。応援するよ」とならざるを得ないのです。

このように、良好な人間関係を築くためには、断りのメールを書くときでも、微笑みを添えることが大切です。**自分のスタンスを前向きにとらえ、笑っているトーンで書けば、受け取った相手も悪い気はしません**。

ぜひ試してみてください。

3 相手の心を動かすメール 動かさないメール

■押しつけがましい言い方は、相手を遠ざける

メールで人を動かすためには、相手にとってメリットになることを**「さりげなく書く」ことがポイント**です。

相手を動かしたければ、メリットを書くのは鉄則です。

広告代理店などでは、提案書のなかに必ず「相手のメリットを数字で大きく入れて書け」と、新入社員の頃から徹底的に教育されます。

「逆にメリット以外は全部そぎ落とせ」と言われるほどです。

しかし、だからといって、メリットがないと相手が動かないことにとらわれ

すぎて、必要のないメリットを押し付けてしまうのは逆効果です。

これは対企業の提案営業でも、個人をプロジェクトに誘い込む場合も、そして交友関係の場合も同じです。

「必要でしょ？　メリットあるでしょう？　だから、協力してよ」

これでは、相手は興ざめしてしまいます。

メリットを押し付けてしまう原因は、相手がほしいものを知らないことにあります。まずは、しっかりと相手のニーズをヒアリングすること、その上で相手にささる提案をすることが大切です。

まず最初にやること、それが、**本題の前に軽く雑談をする**ということです。

そのなかで、**相手が今必要としているものを感覚的に、もしくは理論的に把握していきます**。

また、**「相手がどのような方法で、それを手に入れようとしているのか」**も探ります。くれぐれも見当違いな提案をして、興ざめさせることのないようにしてください。

これらのことを行なったうえで、次のメールを送ります。

まず、**自分が叶えたいことへの情熱を語ってください**。

たとえば「ぜひこのプロジェクトを成功させたいと思っている」など、自分の内側にある強い情熱や信念です。自己満足と思われるかもしれませんが、これを書くことで、成功に近づきます。

二つ目は**「頼る言葉」**です。「○○さんの力が必要なんです」と、勇気を出して書いてください。読む側としては、それほど嫌でもないどころか、やる気が出てきます。

三つ目に**小さなメリットを相手に示します**。「これを通じて、少なからず○○さんの○○のプラスになれば、大変本望でございます。微力ながら、今回のご提案をご検討いただけないでしょうか」などと書きます。

以前、私の知り合いＡさんが、お寺で開催するイベントのボランティアを募っていました。そのときのメールが非常に秀逸だったので紹介します。

Ａさんはまず、そのイベントにかける熱い思いを２～３行で書きました。

「今年は絶対に成功させなきゃいけません。今年が正念場なんです。絶対に成功させたいと思っています」と。

それに力強さを感じて、早速私の心は動きました。

次に「潮凪さんの力が絶対に必要なんです。ぜひ力を貸していただけないでしょうか」という言葉が続きました。私はこれで、自分の存在がとても重要視されていることに気づきました。


人間には誰しも、誰かの役に立ちたい、認められたいという本能があります。

このときも私は、自己重要感が満たされたのです。

そして「この地域での様々な交流を図っていただき、潮凪さんのご事業の活性化にも活用いただけたら、それは本望でございます」と、最後にメリットが書かれていました。これで私は協力する意思を固めました。この順番もとても重要です。

いきなり相手から「何々のボランティアをお願いします。仕事のネットワークも増えるのでプラスです」と言われても、エサを投げこまれたサルのような気持ちになります。

「ちょうだい」と言っていないのに「くれてやるよ」と。

これでは人間関係は壊れてしまいます。

このように、**人を動かすためには、まずは自分が目標を熱く語り、次に相手の力が必要だと伝えること。**そして、**最後に相手の「メリット」を伝える**のです。

何はともあれ、今すぐ身近なことで実験をしてみてください。

遊びでも、趣味の会合でも、仕事でも、ライフワークでもいいのです。〝誰かを巻き込む〟ために、このやり方を試してみてください。

必ずいい結果が得られるはずです。

4 相手が自分のことを書きたくなる「言葉の相づち」を打つべし

■ メールは「了解」で終わらせない

メールのやり取りのときに、用件のみを誤解なく的確に、それでいて温かさのあるトーンで伝えられる人がいます。

一見、そっけないように見えますが、正確に物事が伝わり、感情的ないざこざも起きづらく、ビジネスの世界では非常に重宝されています。

しかし、短文で用件を送るだけでは、プライベートの関係性は深まりません。

恋人、夫婦、友達との関係においては、**感情をくすぐる表現がないと、相手との距離は縮まりません。**

ここでひとつ、相手の感情をプライベートモードでくすぐるシンプルなコツをご紹介します。

それは**「言葉の相づち」を入れること**です。短くてシンプルな相づちワードを、いくつも用意しておくのがいいでしょう。

特に男性は、意外と合いの手のレパートリーを持っていないものです。感情表現で人工知能ロボットに負けているのではないかと思える人もいるほどです。

たとえば、「なるほど」「了解」などの短い一言や、「へー」だけのリアクション。「マジで？」「わかった」などなど。

一方で、合いの手がうまい人は、「うんうん」「本当？」とか「すごい」、あるいは「なんと！」「驚いた」や「本当にお疲れ様」「マジでおめでとう」「いつも本当に勇気づけられるよ」「癒されたわ」と、躍動的な言葉を自然に使いこなします。

今回あなたが目指すのも、このような合いの手の達人です。

相手が気持ちよく書いているときには、**その人がもっともっと話したくなるような合いの手を打ってください**。これは、これから関係を構築するのに必須のコミュニケーション法です。

いくら自分をアピールしても、関係はなかなかすぐには縮まらないもの。そんなときは押してみるのではなく、引いてみる。〝合いの手〟を駆使することによって、相手がどんどん自分のことを話したくなるように導きます。合いの手を打つだけですから、労力もかかりません。

相手に心地よく陶酔してもらい、語ってもらえればいいだけです。受け身になって相手を理解しようと努め、相手が近づいてくるのを待つのみです。

5 相手に興味を持っていることが伝わる文章を書くべし

■相手をリスペクトすることからすべては始まる

相手と仲良くなりたいときは、相手に興味を持つことが大切です。

第1章でもお話しましたが、**相手に興味を持たないと、相手といい関係をつくることはできません。**

最近では、世の中の多くの人が、自分ばかりに興味を持っています。努力をしていても、自分だけに目が向いています。

誰かと仲良くなりたいときや、恋愛の始まるときでも、自分の話ばかりする残念な人もいるほどです。

その典型が、朝起きたときにフェイスブックを開いて、自分の投稿にいくつ

「いいね」がついているのか調べてしまう人です。

自意識過剰に生きている人が多い――これは何を指しているのでしょうか？

それは、**人の気持ちがわからない人々がどんどん大量生産されているということ**。

たとえば、経営者が人の気持ちがわからなくなると、会社は破綻します。

会社の経営だけではありません。友人関係においても同じことが言えます。

では、どうすればいいのでしょうか？

常に相手に興味を持っている姿勢を見せ続ければいいのです。

たとえば、出会って間もない相手に対しては、こんなメールを送ります。

「私が思うに、何々さんのお仕事は世の中にとって○○という意義があるのではないでしょうか。そういった意味で、とても尊敬しています」と。

相手の仕事が世の中にどのように貢献しているか、どのように意義があるか、いかに多くの人を幸せにしているかに関心を示すメールを送る。これができればパーフェクトです。

ただし「○○さんのやっていること、とても興味があります。コツを教えていただけませんか？」と、ただ単に質問攻めをしてしまうと、「忙しいのに面倒くさいな」と思われることもあります。相手に興味を持つ姿勢を見せるときは、このあたりに少し気をつけることが必要です。

6

「苦労話を聞かせてください」と頼むべし

■キーマンと距離を詰める究極の質問

仕事において、キーマンや成功している社長などの大物と距離を縮めたいときは、どのような文章を送ればいいでしょうか。

ほとんどの人が、「成功の秘けつを教えてください」と聞きがちです。

しかし、それでは距離が縮まりません。企業秘密だから話したくないですし、同じ話をすることにに本人は飽きています。

また、お金や成功セオリーが目的で近寄る人にも辟易《へきえき》しています。

ここで、もっともっと彼らの心のど真ん中を突く方法があります。

その方法とは、**相手の苦労話を引き出す**ということです。苦労話のインタビューは、成功者・年長者や仕事に情熱を傾けている人との距離を縮めるのに効果的です。

彼らは、**自分伝説**を話したいのです。ただの苦労話とは異なります。苦労を乗り越え起死回生した不死身ぶりを話したいのです。

成功者が乗り越えてきた過去。それは本人にとって並大抵のものではありません。もう一度同じ体験をしたら、もう二度とうまくいくまいと感じている人がほとんどではないでしょうか。その奇跡の過去を語ることで、本人は満足するのです。かつ、**「自分は奇跡の人なんだ！」とあなたに認識させることで、「承認欲求」を満たすのです。**

あなたが熱心に耳を傾けて人生に活かそうとすればするほど、話している本人としては、認められたようでとてもうれしいのです。

「今までで一番のピンチってどんなときだったんでしょうか？　それをどう乗り越えられたのか、大変興味深いです。今度機会があったらぜひお聞かせてください」と。

ご本人は、その日のために様々なエピソードを用意して待っていることでしょう。

大物と言われる人物とは**「苦労話を聞かせてください」**と言って距離を縮めましょう。それが人間同士として近づくコツです。

7

今この瞬間の苦痛を聞かせてもらうべし

■人は苦しい思いを共有した人を信頼する

今この瞬間の苦痛について聞かせてもらうだけで、相手との距離が縮まります。

誰でも、何かしら苦悩を抱えています。今この瞬間に吐露《とろ》したいことがあるものです。24時間３６５日、誰もが心の苦しみ、体の苦しみをやわらげたいと思っています。一見、苦労がなさそうな人でも、意外なところで悩んでいたりします。

「今抱えているストレスって？」そう質問した瞬間、多くの人は堰を切ったように話し始めるでしょう。

「毎日毎日忙しくて大変」「最近体調が悪い」「恋人や家族との関係がよろしくない」「部下が思うように動いてくれない」「会社の人間関係がうまくいかない」「事故に巻き込まれそうになった」「侮辱された」など、誰もが必ず痛みを抱えているのです。

具体的にはどういうメールを送ったらいいのでしょうか。

「○○さんは毎日エネルギッシュですが、気持ちとか体に限界を感じることはありませんか。私はしょっちゅうあります（笑）。今も自分の仕事の段取りの悪さに叫びたい気分です（笑）」と書くと、相手は「僕だってそうだよ。実は昨日寝てないんだよ。もう眠くて眠くてしょうがないんだよ」などと答えます。

こんなふうにメールでやり取りしているうちに、本当に思っていること、本当に苦しいことを相手が話し出します。

すると相手との間に信頼関係が生まれ、人間対人間で信じ合える関係へと発展していきます。つまり、**いいところも悪いところも、丸ごと共有し合える関係**

です。このメールは、その第一歩なのです。

ただし、**自分の苦痛は短い文章で送ることが大切です。「(笑)」を入れて、軽さを出しましょう。**

そうでないと、受け取った相手は重く感じてしまいます。それどころか、これから長い人生相談が始まるかと思い、警戒レベルを上げてしまいます。精神的にバランスが取れていることを主張しながら痛みを吐露することが、よりよい関係を築くためには大切です。

8

寂しくなる瞬間について質問すべし

■ 孤独の話が、一気に人間関係を進展させる

あなたは孤独を感じることがありますか。もしあるとしたら、それはとても正常なことです。

なぜなら、どんな人でも孤独という名の闇を抱えているからです。孤独の形は、千差万別。どんなときに孤独を感じ、どのような気持ちになるのかも、人それぞれです。

たとえば独身の人であれば、街行くカップルを見て、孤独を感じることがあるでしょう。予定のない土日がくるたびに、心がキューーッと締め付けられるこ

ともあるかもしれません。

単身赴任の人は、朝起きた瞬間に孤独を感じるかもしれません。

「ああ、一人なんだな」と。

ほかにも、誰もいなくなった事務所で残業をしているとき、あるいは周囲の人たちとの仕事の能力差を感じたとき……。孤独を感じる瞬間は、実に人それぞれです。


そんな中、相手が抱えている孤独に寄り添い、共感し合える関係をメールでつくることができたらどうでしょう。相手との関係が一気に特別なものに発展していきます。恋人関係になったり、励まし合える友情が芽生えたり、仕事の関係を超えた人間関係を築くことができます。


ではどうすれば、そのような関係を築くことができるのでしょうか。

たとえば、こんなメールを送ってみます。

「突然ですが、○○さんは寂しいと感じることがありますか？　私は今、とっても寂しげな気分です（笑）」と。

すると相手から、「なぜ？　どうして？」と聞いてくるはずです。そこで、胸のうちを答えてください。

「実は今、彼女がいなくて、寂しくて寂しくて仕方ないんですよ（笑）……」などと。その後、すかさず尋ねてみてください。

「○○さんは寂しいと感じるときはないのですか」と。

すると、相手は「いやー、実は、部下が自分の言うことを聞いてくれないときはものすごく孤独を感じるんだ」などと返してくるかもしれません。

その場合は、こう答えてはいかがでしょう。

「なるほど、そうなんですね。○○さんは会社で部下のリアクションとかに孤独を感じるんですね」と。

このようなやり取りを続けていくことで、いつの間にか心の柔らかい部分に触れながら、関係を深めることができます。メールを送る前と後とでは、お互いの関係性に違いが出てきたことを実感できるはずです。

この種のメールは、送るタイミングを上手に工夫することが必要です。

たとえば、世間話ができるようになったタイミングがベストです。間違っても、出会った直後に送ってはいけません。まだお互い知り合って間もない段階でメールを送ってしまうと、「誰にでもこういう病んだメールを送っているおかしい人」と思われてしまいます。

もちろん、一度あいさつをした程度の人に、突然送るのはＮＧです。何かの話をしているときに、話題を変えて風通しをよくしたいときに使うと効果的です。

ぜひ試してみてください。

9 時にはあえて一対一の人間としてお戯れ&おふざけメールを送るべし

■相手の反応を見ながらメールしよう

仕事で知り合った人と、「より深く付き合いたい」とか「恋人として付き合いたい」と思ったことはありませんか。

そんなときに効果的なメールの送り方をご紹介します。

それは、**仕事でやり取りするトーンをいったん忘れ去る**ということです。

あなたはふだん、仕事でメールを送るとき、「お疲れさまです」「いつもお世話になっております」「本件に関して、またどうぞよろしくお願いいたします」といった感じで送っていると思います。それを、親しい友達に送るような、カジュアルな表現にほんの少し近づける。

ふだん、ＬＩＮＥやフェイスブック、メッセンジャーなどを使って送っているメールを思い浮かべてもらえるとわかりやすいでしょう。

たとえばいつもと同じ仕事上のやり取りをした後に、こんなメールを送ります。「〇〇さん、聞いてください。私、本当にバカすぎます。昨日、財布を忘れて家に帰れなくなり、久しぶりに交番で５００円借りました（笑）」などと、自分のズッコケ話を暴露します。これで二人の間の緊張感が一気に和らぎます。

そこからリラックスしたメール文のやりとりが自然発生します。相手も「歩いて帰ったら1時間コースでしたね（笑）」と返してくるかもしれません。それに対し、さらにこう返しましょう。

「５００円の重みを感じました。５００円がこの体を20分で家まで届けてくれたのです」と。

ほかにも、あなたが男性だとして、男同士、ビジネスを超えてもっと仲良くなりたいと思ったとしましょう。そんなときは

「お忙しい日々をお過ごしのことと思います。仕事も女性関係もダンドリが大切ですね（笑）。そしてときに大幅なリストラクチャリングも（笑）」

といった文章を送ってみます。

そこから急接近し、くだけた会話ができるようになるかもしれません。

しかしここで注意すべきことがあります。それは、メールを送るタイミングです。この手のメールを送るのは、相手がフレンドリーなときだけにしましょう。

相手がノッていないのにこういうメールを送り続けると、空気の読めない人だと思われて、余計に距離を置かれてしまいます。返事がないのは相手が「そこまで詰め寄ってこないで」というサインです。一回返事がなかったら、そのままにしておいたほうがいいでしょう。

仕事のやり取りを逸脱して仕事以外の話題を文章で送ることにより、いつもとは違った空気感を醸し出す。そこから仕事を超えた人間関係を構築することができるのです。

10 ケンカになりそうなときは電話か直接話すべし

■混み入った話は電話で話す

あなたは仕事で、グループメールやチャットを利用することがありますか？一度に複数の人とやり取りできるので、重宝している人も多いと思います。

ところが、一人でもメールでコミュニケーションをとるのが苦手な人がいた場合、トラブルが起こることがあります。思いが伝わらないことをもどかしく感じ、感情的になってしまうのです。

そのような人は、心の状態に問題があることが多いものです。7～8割方はそうではないでしょうか。決して誰かの文章表現に問題があるわけではありません。

人から言われたことや小さな提案を、自分に対しての攻撃だと思い込み、過敏に受け止めてしまうのです。

実際は、誰も責めていません。その人も、前向きに改善すればいいだけです。しかし、自分自身を過剰に責めて、行動を止めてしまうのです。

その後その人は、自分がどれだけ傷ついたか、自分が今どれだけ大変な思いをしているかを主張し始めます。

プロジェクトの案件について議論しているのに、話題が完全にズレてしまうわけです。そして議論のテーマが、〝心〟の話になってしまいます。

これは、仕事の世界ではありえない話です。

一方、心は強くても、感情的になって相手を攻撃し、周囲を潰してしまう人もいます。その人がメールでガミガミ言うことによって、メンバーが不快に感じ、周りの人たちのモチベーションが下がってしまうのです。やがて、プロジェクトへの関心・興味・意欲もそがれてしまいます。

仕事上のメールでは、**ナイーブすぎる人になってもいけないし、攻撃的な文章**

を送ってもいけないのです。

では、そうならないためにはどうすればいいでしょうか？

もし、メールで言い合いになりそうになったら、**電話、もしくは直接話すことに切り替えてください。**

口論になりそうだと感じたら、まずメールで「電話でちょっとお話しませんか。そのほうが明確に伝わりやすいので」と一文送ります。そして相手に電話をかけましょう。

ここから先は、文字の力を頼ってはいけません。グループメールに、言い合いを感じさせる文面を残すこともいけません。

なぜなら、ほとぼりが冷めた後、相手がそのメールを見たときに、「以前こんなやりとりをしたな」と思い出してしまうからです。感受性が強い人であれば、また落ち込んでしまう可能性もあります。

ただし、トラブルが起きている最中、メールは100％使ってはいけない、ということではありません。

たとえば**仕事の進め方の枠組みや条件、概要の5W1Hを明確に伝えるときは、口頭ではなくメールが適しています。**

特に納期や金額などは箇条書きで伝えれば安全ですし、「言った・言わない」の議論を防ぐことができます。**メールで明確に伝えておいて、あとは電話で話すという、ハイブリッド型にするのがいいでしょう。**

メールで口論になりそうだったら、いったんそこでストップして、電話に切り替えるのです。

メールはとても便利ですが、時に怒りの感情を増幅させる破壊的兵器にも変わります。誤解とムダなトラブルを広げないように、使い方には十分注意しましょう。

11

怒り狂ったメールには文字で返信しない

■感情的なメールにもやはり電話で対応する

こちらが送ったメールの内容に対して相手が腹を立てたり、あるいは、仕事で何らかのミスをして、相手を怒らせてしまうことがあります。

また飲み会の席で言ってはいけない質問や失言をしてしまい、相手が侮辱されたと感じ、後になって、怒り狂ったメールを送ってきたりすることがあります。

もしこのような状態になってしまったら、どのように対応し、フォローすればいいでしょうか。

結論から言うと、前項目でお伝えした対応策と同じく、メールは閉じて、電

話をかけるということです。

もしメールで返信するとすれば、「この度はご迷惑をおかけしました。申し訳ありません。本件については後ほどお電話させていただきます」と、一文だけ送ってください。

メールでの返信はこれくらいで止めておくのが得策です。

相手が誤解している場合や、相手に落ち度がある場合は、メールで言い返したくもなるでしょう。ですが、長文で反論をしてしまうと、無駄に険悪な空気を大量放出することになります。これが災難を招きます。人間関係ごと壊れてしまう場合もあります。

人間というのは、どこまでいっても**感情の生き物**です。繊細な感情を、ネガティブなパワーが増幅した〝言葉の兵器〟で破壊してしまってはいけないのです。

ここは**文字などで反論せずに、まずは相手の感情を鎮めることが大事**です。

それには電話が効果的です。だからとにかく電話をします。

しかし、それでもメールで口論をしたがる変わり者もいます。

私も仕事上でこんな経験がありました。自分はあくまで冷静に、相手に「こうしたほうがいい」とよりよい案をメールで提案したところ、言い訳のようなメールが返ってきました。

これに対し、あまりにも改善の余地がなかったので、「これに関してはこのようにやってもらわないと、こういう損害が出るので、きちんとやってください。詳細は電話で話しましょう」と送りました。それなのに、まだメールを返信してくるのです。

私が「メールだと労力もかかるし、誤解や行き違いが生じる可能性があるから、電話で話しましょう」と言っても、メールが返ってきます。私は怒鳴るわけでもありませんし、意見を押しつけたりもしません。

後から本人に聞くと、どうやら電話で話すのが怖かったのだそうです。

このような人たちが今、若者を中心に増えています。

とにかく、**人生のトラブルを本気で減らしたいのであれば、相手が怒り狂っているときは、すぐに電話をかける習慣をつけたほうがいい**でしょう。

本書は文章でのコミュニケーションを教える本ですが、残念ながらこの場合、文章では歯が立ちません。

仕事以外のことでも、男女関係や友達関係でも、大なり小なりの行き違いは避けられません。むしろそういうことが起こりそうになったとき、いかにムダな遺恨を残さずに、気持ちよく解決し、良好な関係に戻すかが大切です。うまく解決できたら、お互いの信頼がますます強まります。

特に男女関係はそうです。交際中に喧嘩しても、短時間で終わらせることができるカップルは、結婚に結びつきやすいですね。

結婚後の夫婦喧嘩も、効率よく終わらせるクセをつける。これにより、幸せな人生を歩むことができるのです。

言い合いになりそうになったら、まず電話で話す。そしてすぐに解決できるようにすることが大切です。

ムダに傷つけ合わない、健康的で強くて調和された関係をつくることを心がけましょう。

12 敵対せずにお友達作戦メールを送るべし

■お友達作戦メールでシリアスな関係がガラッと変わる

あまり話したこともないのに、何となく敵対しそうだな――。そんな風に勝手に想像してしまうことがありませんか？

たとえば、社内外にいるライバルとの関係性を思い浮かべてみてください。実際に何か言われたわけではないのに、シリアスな関係性を勝手に思い描いてしまう。あるいは、架空の敵対関係、あるいは冷戦状態を想像してしまう。そのうち、本当に敵対してしまったり――。

これは、ご近所さんとの関係でもよく起こることです。

たとえば、家を建てたとしましょう。念願のマイホームです。しかし、「周りの人たちは、どうせ自分が家を建てたことをよくないと思っているに決まっている」と、勝手に思い込んでしまったらどうでしょうか。きっと、周りの人たちと接するのがおっくうになるはずです。引っ越した後も、あいさつに行くことを後回しにするでしょう。

一方、近所の人たちも、あなたが周りと関係をつなごうとしないことに、いい印象を抱かないでしょう。そうしているうちに、本当に嫌われてしまう可能性もあります。ついには、あなたがつくり出した妄想が現実になってしまうのです。

周りの人たちと自分が「シリアスな関係なのでは?」と疑心暗鬼になり始める。それが行動にもつながり、やがて本当に溝ができていってしまう。想像が形になってしまうことがあります。

これは、とても残念なことです。

ムダな思い込みで相手との関係性が壊れるのを防ぐ方法がひとつあります。

それは、シリアスな関係になりそうな人がいたら、自分からメールを送ってしまうということです。その際、友達に送るような感覚で送ることがポイントです。

もしあなたが「お友達になろうよ」と仕掛ければ、相手も「なんだ。自分がシリアスだと思い込んでいただけなのか」と思い直し、あなたのことを受け入れます。

名づけて〝お友達作戦〟です。

特に、相手に何か言われたわけではない、もしくは、言われたとしても、風の噂ぐらいの些細なものだとしたら、むやみに距離を置くのはやめましょう。こちらから「相手を食う・飲む」くらいの気持ちで、お友達作戦メールを送ってください。


たとえばこのような感じです。

「こんにちは。元気ですか。最近、お忙しいですか。今度時間があったらランチでもご一緒しませんか。楽しいお話ができたらうれしいです」

このように、いったん気持ちをリセットして親しげなメールを送ります。そうすると、いつの間にか相手へのライバル心も消えてしまいます。

また、実際に会えば、相手側もよくない感情を除去することもできます。このように、あなたから連絡を取ることがポイントです。

ただ文字で「会いましょう」と送るだけでいいのです。断られることは、そんなに多くはありません。

返信がなかったり、嫌な言葉が返ってきたりするのは、10人のうちたった1人か2人です。もしそうであれば、残りの8人に期待したほうが、有益なのではないでしょうか。

自分から連絡をした数の分だけ、友達の輪が広がります。相手との関係が楽しくなります。やがて、それ自体があなたの力そのものになるのです。

心の絆や、良好な関係を結んだ人が多ければ多いほど、人生は豊かになります。たったメール一本でも、人間関係はガラッと変わるのです。

少しでもシリアスな関係、気まずい関係になりそうになったら、まず自分から心を開いてみること。そして、お友達作戦のメールで、相手と良好な関係を築いていきましょう。

13 相手と過ごしてどれだけ楽しいかを詳細に書くべし

■「あなたといると楽しい」は、人間関係を発展させる魔法の言葉

相手との関係を、メールを使ってさらに強固なものにする方法があります。それは、相手と過ごしていかに楽しいかを詳しく書いてメールで送るということです。それだけで、相手はあなたに対し、よりよい感情や印象を抱くようになります。

では、どんな場面で送るのがベストなのでしょうか。
たとえば、日々の会話のなかで言うパターンがあるでしょう。仕事について

のやり取りをした後、ひと段落してから伝えるやり方もあります。ふだん送っているメールのなかに、突然伝える場面が出てきてもおもしろいかもしれません。メールの語尾につける「よろしくお願いします」の代わりに言うようなイメージです。

「あなたといると楽しい」と言われると、多くの人はうれしいものです。最高に承認欲求が満たされます。「頭がいい」「かっこいい」「お金持ちね」「尊敬します」などと言われるよりも、「楽しい」と言われるほうが、もっともっと本能的に幸せを感じます。

どんなに成功していても、「あなたといると楽しい」と言われたほうが、よっぽど心が癒されるのです。これは実際に成功した人物から聞いた本音です。

あるいは独身の男性であれば、女性から「楽しかった」と言ってもらえることが、一番自信を持たせてくれますよね。その人に「もっと踏み込んでいいんだ」という気持ちになり、積極的になれます。

このように、「楽しい」という言葉は、最高のほめ言葉です。仕事だけでなく、プライベートな場面でも効果を発揮します。

たとえば、あなたが恋人や家族と「マンネリ化し始めたかな」と思ったとしましょう。相手の熱が冷めてきていると勝手に思い込んで、自分もテンションが下がり、どんどん悪い方向に進んでしまいます。

しかし、もしかしたら相手は「すごく楽しい」と思っているかもしれませんよね。ところがマンネリ化してくると、妄想が進み、相手の温度が低いと思い込み、徐々に自分の熱も冷めてしまいがちです。そして自然と関係が消滅していってしまうのです。

そんなとき、ピンチを回避してくれるのが「楽しい」という言葉です。相手を喜ばせ、楽しませ、自信をつけさせるこの言葉。言うほうは一切労力がかかりません。相手と過ごして楽しかった時間を思い出して、「○○のときは楽しかったね。××のときはもっと楽しかったね。もう最高です。これからもよろしくね」とメールを送ると、相手は自尊心をくすぐられます。

たとえ相手があなたのことを意識していなかったとしても有効です。「何だ。

自分がいるおかげで相手は幸せなんだ。しかも、自分のことを悪く思ってないんだ。会うだけで、自分に感謝してくれるんだ……」そのように感じてもらえると、また安心してあなたに会いに来てくれます。

ところが、大人になればなるほど、誰かと一緒にいて楽しいと素直に伝える機会が少なくなります。だからこそ、あえて文字で送ることに意味があるのです。

人間は、付き合いが1年くらい続くと、お互い飽きてくることがあります。そんなとき、この「楽しい」という言葉は、さらなる関係を築くために最も効果的です。関係が疎遠になってしまったり、自然消滅してしまったりするのを防ぐことができます。

関係性を持続させるためにもぜひ、出会ったときの感激を伝え続けましょう。ペースとしては6ヶ月に1回くらいで十分です。

「◯◯さんと一緒に◯◯することが、今とても楽しみです」と伝えます。

一番悲しいのは、実際は楽しいと思っているのに、それが伝わらず、やがて気持ちが冷めていくということです。**「楽しい」という気持ちは、言わない限り、**

相手には伝わりません。男女の「好きだよ」「愛している」と同じです。口に出さなければ、相手は「冷めているんだな」と思ってしまいます。相手へのプレゼントだと思って、また友情の証として、定期的に文字にして伝えることを心がけましょう。

14 相手がやってくれたことのお礼をあえて長文で書くべし

■人生の恩人には、感謝の気持ちを長文で伝える

さて、ここで人との絆を永遠にする方法をお教えしましょう。

それは、**相手からしてもらったことへの感謝の気持ちを、あえて長文で書く**ということです。

10年前、20年前、30年前……あなたが生きてきた人生の節目節目で、「この人がいたからうまくいった」という恩人がいるはずです。その人に向けて、心を込めてメッセージを書くのです。

恩人と言っても、高尚な人ではなく、悪友でもいいのです。悪友の紹介で伴

侶と出会えて結婚できたとしたら、彼も恩人ということになります。

また、あなたにとって恩人は、近所の飲み屋のマスターかもしれません。たまたま「こんな職業があるよ」と耳打ちをしてくれて、それからその仕事に就いてうまくいっているとしたら、教えてくれたマスターに感謝しなければなりません。

ある年長者が仕事のアドバイスをぽろっとしてくれて、そのアドバイスを信じて動き、そこからすごい世界が生まれたとしたら、その人も恩人です。

あなたが読んできた本の著者にも恩人がいるかもしれません。

私の場合、『人脈がいっぱい！』（ゴマブックス）の著者・中島孝志《なかじまたかし》さんです。23歳のときこの本を読んで、衝撃を受けました。社外に人脈をたくさん持つこと。そして会社の名刺じゃなく、もう一枚の名刺で勝負する時代がきたと書いてあったのです。感銘を受けて、その道を信じて行動したら、社会人生活がすごく楽しくなったものです。今、本が書けているのも、社会人クラブをつくり、様々な社外の人と刺激し合えたからです。まさに、その本のおかげです。

また私が定期開催しているイベントも、東京・芝浦の、ある経営者のおかげです。特に何か支援してもらっているわけではなかったのですが、「海辺でクルーザーを活用したイベントをやってみたら？」と声をかけていただいたのです。挑戦したら、その人の世界観に近づけるのではないか、自分も成長できるのではないか。そう考えた私はイベントをスタート。この1年半のうちに、2600人のさまざまな人間ドラマを見、それを本にしてきました。そのご縁は関わった人たちにも広がっています。

こんな風に、大なり小なり、自分がよくなったきっかけ、言葉や支援、すべてを思い出して、それを言葉にしてください。

「お久しぶりです。お元気にしていますか。あのとき、◯◯さんからいただいたあのお言葉により、僕は頑張って、今こうなりました。本当にありがとうございます」と書いて、メールを送りましょう。すると、相手は心の底から喜びます。相手も、「こんな義理堅いやつを自分が育てたんだな」と、きっと喜ぶはずです。

もうひとつのメリットは、**恩義を忘れない、筋の通った心のある人間だと思っ**

てもらえることです。

恩義と言えば、東日本大震災のときにこんなことがありました。

地震が来た後、津波注意報が出ていたので、そこら中のレストランが店を閉めていました。しかし芝浦の「バグースバー」というレストランだけは、店を開けていたのです。そこでは、オーナーの奥さんが、パンを無料で配っていました。生まれたばかりの赤ちゃんを椅子に寝かせたまま。私はそのパンを食べて空腹をしのぎ、大変助かったのを覚えています。

このような気持ちを、毎回くり返して文字にするのです。人から受けた恩義について、本人に何度もメールで送ったり、その人にとって名誉なことであれば、あえてフェイスブックに書くのもいいでしょう。

感謝したい相手の連絡先がわからない場合でも、ブログやＳＮＳで発信してください。「〇〇さん、私はこう思っています」と。

思いは伝播します。空気を通じて伝えるのです。

直接その人とつながっていなくても問題ありません。「見えないパワーになって伝わる」と信じることが大切です。もしかしたら、フェイスブックの共通の知り合いを通じて、その恩人に思いが届くかもしれません。

たとえ届かなくても、相手への感謝の思いを書くことで、お礼が言えずに後悔していた自分から脱出できます。心がスッキリしますよ。ＳＮＳに感謝の思いを乗せること、それが人と人との絆をつなぎ、楽しい人生を歩めるきっかけとなるでしょう。

15

「自分なんかもっとできなかった！」というメールを送るべし

■できなかった過去の自分をさらけだすと、部下の心は動く

「部下との関係をもっと縮めて、仕事を円滑に進めたい」「やる気になってもらいたい」。これは私が仕事を進めるうえで、常に願っていることです。自分を信頼してもらいたいし、仕事の成果もどんどん上げてほしい。こんなふうに思う人は少なくないのではないでしょうか。

しかし、ときにはミスをした後輩を注意しなければならないことがあります。最近は「叱って気まずい空気になったらどうしよう」「彼のモチベーションが下がったらどうしよう」と思って、叱るのを躊躇する管理職も増えているようです。

しかし、たとえ部下を注意しても、関係を壊さずに済む方法があります。それどころか、部下のやる気も出すことができる方法があります。叱った〝後〟の行動にポイントがあります。

次のようなメールを送ってみることで、部下との関係は良好になります。

「今日はお疲れさん。今日のミスのことだけど、自分のときはもっとできなかったよ（笑）。私に比べたら、まだまだましなほうだから頑張ってほしい」

このメールが効果的な理由は、**上司であるあなたが部下と同じ目線に降りているということ**です。これによって部下はあなたに親近感を感じます。出来が悪かった上司の話を聞いて、「昔は仕事ができなかった人でも、自分の上に立って、立派にチームをまとめているんだな」「自分も将来、人をまとめるポジションに就こう」などと心の中で思います。結果、モチベーションを引き出すことができるのです。

やる気を出してもらおうと思うあまり、追い打ちをかけるようなメールを送ってしまっては本末転倒です。しかも、それが叱る内容だったら、相手はどのように感じるでしょうか。部下とますます気まずくなったり、最悪、退職願を突き付けられたり……。そんな事態にもなりかねません。

大事なことなのであえてくり返します。文字には言霊が宿ります。相手を叱るとき、文字にして伝えると、その負のパワーは2倍にも3倍にも増幅します。使い方にはくれぐれも注意が必要なのです。

私自身も、部下に注意するときはこの方法を使っています。昨年だけで10〜15回は送ったでしょうか。

このメールを送った後、実は私自身もほっこりとやさしい気分になります。注意する相手に対して穏やかな期待感を抱きながら、見守る余裕が生まれます。

このように、部下や後輩を注意するとき、あるいは注意した後は「自分はもっとできなかった」とメールで伝えてみてください。仮に、注意をされた部下が落ち込んだような表情をしていても大丈夫。この一文をメールに添えれば、彼のモチベーションを高めることができるはずです。

16

箇条書きのマニュアルを送るべし

■マニュアル化することで、部下は自由に動き出す

先ほど部下をどう注意するかについて伝えましたが、なかには何度言ってもミスをする、何回注意しても忘れる部下もいるでしょう。そんな部下のおかげで、こちらがイライラしたり、必要以上に感情をぶつけてしまったり。ついには引っ込みがつかなくなり、パワハラに走ってしまったり。

これでは、部下の言動は一向に改善しないばかりか、あなたすらも精神を病んでしまう可能性があります。つまり、お互いにとってマイナスということです。

そんな不毛な状態から一瞬で抜け出す方法があります。

それは、**やるべきことをマニュアル化して、何回もくり返し共有するということです。**

マニュアル化することによって、あなたが部下に望んでいる仕事が明確になります。マニュアルさえあれば、毎回説明しなくても、部下はあなたの望む仕事を実行してくれます。

そうすれば、部下も仕事を指示通りに気持ちよく終えることができるのです。部下の役割は、明確化された業務を正しく実行することです。上司の役割は、それが進んでいるかどうかをチェックすることです。毎回精神論で叱り続けていたことが、時間と労力のムダだったと気づくでしょう。

明日から部下に何か頼むときはリストを渡して、この通り業務を進めてほしいと伝えましょう。部下がミスをしたら、その直後に「やることリスト」を箇条書きにして送りましょう。たったこれだけです。

私もよくマニュアルをつくっています。現在、多くのイベントや講座、教室を運営していますが、〝やりすぎ〟なくらいにマニュアル化しています。

マニュアルは最初に決めたものをずっと使い続けるだけではなく、忘れた頃に再びメンバーに送ってリマインドします。

といっても、難しく考える必要はありません。ＴｏＤｏリストをメールで流すだけです。

『レバレッジ時間術』（幻冬舎新書）著者の本田直之《ほんだなおゆき》さんは、旅行の段取りすらマニュアル化しているそうです。

本田さんは、無意識化するのが重要だと言います。すると、業務のスピードも上がるそうです。このマニュアルを共有することにより、あなたは〝文字により〟人を正確に動かすことができるようになるのです。ぜひ試してみてください。

17

自分がつくった仕組みで人が活躍したら、その人の活躍を称えるべし

■後輩の活躍を称えるだけで、周囲の人も成長する

先ほどマニュアルをつくって部下に共有しようと伝えました。ではそれによって彼らがスムーズに仕事を進められるようになったとき、あなたはどんな言葉をかけますか。ここでどのような言葉をかけるかによって、あなたの株は上がりもするし、下がりもします。

後輩が成功したとき、あなたは「俺が育てたんだ」と言うでしょうか？　あるいは密かに妬《ねた》んで、キリキリと唇を噛むでしょうか？　また、「あいつはまだまだ甘い」と先輩ぶるでしょうか？

後輩と良好な関係をつくりたいとき、あるいはさらに周囲から尊敬されるために大切なことがあります。それは、たとえ、あなたがつくった仕組みで育った人が活躍しても、**その人の活躍だけを称《たた》えるのです。**

たとえば成功した後輩のことをブログやSNSで紹介します。

「○○君が、ついに栄冠を勝ち取りました。彼は努力家で、とにかく前に進む力があります。女性からもモテます。これからに期待したい」と称えて、対外的に発信してください。

そうすれば、紹介された相手はあなたに感謝の気持ちを持ちます。もともとその人は、あなたがまとめたチーム、そして考えた仕組み、ノウハウを使って栄冠を勝ち取ることができています。それなのに、あえて何も言わないあなたに気がねなく、舞台の上の自分に酔いしれることができます。そして、これからもますます努力し、のびのびと成功路線を突っ走ります。こうして本人が大きな成果を上げることにつながっていくのです。

ぜひ、ブログやSNSを使って後輩の功績を称えてください。自分が動かなくても、プロジェクトがどんどん加速していくのです。

私は今、毎週木曜日に交流イベントを開催しています。そのための新人スタッフを常に育成しています。しかし、その人が人前に出る回数を次第に増やしていきます。そして、あるとき、その人が責任者であることを自覚してもらうために、みんなの前でわざと「彼がこの会のリーダーです」とアナウンスするのです。これにより、単なるお手伝いだった人が、頼りがいのあるリーダーへと成長していくのです。

もちろん、最初は裏方の雑用だけをやってもらっています。

さらには、メールでもメッセージを送ることを怠りません。「この会をグイグイ引っ張っていってください！　○○さんの活躍でこの会は成り立っています！」と送ります。

このように、自分がつくった仕組みで誰かが成功をしたら、自分の功績はさておき、本人のその活躍〝だけ〟を称えるようにします。

間違っても**「自分がつくった仕組みだったよ」「俺が育ててあげたのよ」**と前面

に押し出すのはやめましょう。

しつこく吹聴《ふいちょう》したり、行き過ぎたことを書くと、後輩から嫌われてしまいます。反感の感情が芽生えてしまうのです。

18

「一緒に世の中を変えよう！」というメールを送るべし

■大きなビジョンが、チームのカンフル剤になる

あなたが中心になって、あるプロジェクトを動かし始めたとしましょう。スタートして1〜2ヶ月経った頃に、ちょっとした変化が起こることがあります。マンネリ感が生じたり、一波乱あってギクシャクしてしまったり、メンバーが目標を失い始めたり、モチベーションが下がり始めたり……様々なトーンダウンの原因が生まれます。

しかし、そんなときこそ「人たらしのメール」を送って、チームにカンフル剤を投入しましょう。

具体的には**「大きな目標を確認し合うメール」を送るのです。**

このメールを送るだけで、メンバーのモチベーションは一気に上がり、それまでの小さな行き違いなどは、まったく気にならなくなります。

たとえば「今我々がやっているプロジェクトは、これからの高齢化社会の世の中に一石を投じるプロジェクトだ。素晴らしい社会を一緒につくろうじゃないか」といったような具合にです。

「世の中を変える大きなプロジェクト」と、あえてはっきりと文字にして送ることが重要です。そうすることで、メンバーの士気が一気に上がります。

また、これはメンバーだけでなく、リーダーであるあなたのモチベーションにも関わってきます。あなた自身も夢を見ているのです。

プロジェクトをうまくマネジメントしようとして、進捗のチェックばかりに追われていませんでしたか?

そこで、改めて大きなビジョンを再度共有することによって、大きな視野で冷静に眺めているのだと、部下や後輩に印象づけることができます。すると、彼らとの信頼関係もますます強固になります。

ここでは、ふだんとは異なる広い視野からメールを送るのがポイントです。「ぜひ伝えたいことがあります」と、〝いかにも〟な件名を書くとコントロールしようとしているのが見え見えです。ですから、ふだん通りの文章の書き出しで表現してみてください。

私の運営している文章教室では、ときどき塾生のみなさんに「こんな不況の世の中を潤す　すばらしい著者　世の中を潤しましょう」と伝えています。

これにより、彼らが何のために活動しているのかを再確認することができます。そして目の前の修行のつらさを緩和してあげることもでき、さらに、より強い信頼関係を結ぶことができるのです。

19 「スーパースターになってもらいたい!」と本気で思い、本気で伝えるべし

■「スーパースター」という言葉は、相手の自尊心を満たす

一緒に仕事をするパートナーが10人いたとします。もしもその10人全員が2倍ずつモチベーションを上げたとしたら、あなたは、一人で頑張るときの20倍のパワーを得たことになります。そんな燃える集団を率いるあなたが成功しないわけがありません。

ビジネスパートナーたちを奮い立たせる、魔法の言葉があります。この言葉は、特に相手が疲れていたり、やる気を失っているときに抜群の効果をもたらします。あるいは、まだまだ報酬が確定しないプロジェクトや光が見えないプ

ロジェクトに携わっているときもそうです。

プロジェクトでつらい状況が続くと、誰もがくじけそうになります。やっぱり辞めようかなとも思うもの。そんな風に思っているメンバーがいたら、ぜひこの言葉をかけてみてください。

「このプロジェクトを通じて、あなたにスーパースターになってもらいたい」

少々恥ずかしいフレーズですが、思い切って文字にして送ります。これにより、相手は衝撃を受けます。

うさんくささを感じながらも、これに乗っかろうと思うのです。

ここで重要なのが、どんなスーパースターになるのかを明記するという点です。

私の文章教室では、塾生さんたちに、次のようにメールや口頭で伝えています。

「年3点以上の書籍を出版し、1万人以上が登録するようなメルマガを目標にしよう。メディア取材に対応しながら、自分主催のイベントに読者を集めよう。そこで出会った応援してくれる人と結婚して、子どもを持つ。ビジネスを確立し、ワーキングマザーとして、ママさんたちからも愛される。そんな人気コラムニストになろう！　次はあなたの番だ」と。

必ず本気で心の底から言い切ります。

ただし、どんなにスーパースターという言葉が有効だとしても、最初に**相手がどんな将来のイメージを持っているかを聞くことが大事**です。方向性があまりにもズレていると、冷められてしまいます。

くれぐれも個人的な会話を重ねて、心の中身を知ってからこのフレーズを投げかけることです。

逆の立場を想像してみてください。

もしも報酬が確定しない状態で「これをやってくれませんか？」と誰かから言われたら、あなたは利用されているんじゃないかと疑うはずです。

ところが、「あなたにスーパースターになってもらいたい」と言われれば、話は別です。自尊心が満たされ、お金を度外視して考えるはずです。

そして、必ずこう思うでしょう。「私がスターになったときには、導いてくれたあなたも少しの報酬をとるべきである」と。

相手は決して利用されている、搾取《さくしゅ》されているとは思わないはずです。

ぜひモチベーションを上げるための最強の言葉「あなたにスーパースターになってもらいたい」を使って、最強のチームをつくってください。

この人たらしの言葉を、電車の中や食事中、カフェに入ったときに、ほんの2~3行送るだけでいいのです。

ただし、本気で思ってしっかり自信を持って送ってみましょう。そしてその人のために誠意をもって体を動かしてみてください。きっと、相手の人生も、あなたの人生も、信じられないほど大きく動き始めるはずです。

第４章

ムリなく続けられる ライティングトレーニング

～ＳＮＳ、ブログはこう書けばハズさない～

1 自分が頑張った話 これから頑張る話を書こう

■ 意識を変えるだけで文章はすらすら書ける

フェイスブックなどでたくさんの人とつながりたいという欲求が強い人は、おのずとおもしろいことを書きたい意欲も強くなるものです。

しかし、人の心を動かす文章を書こうと思った瞬間、金縛りにあったように文章が書けなくなってしまうもの。書くこと自体がストレスになったり、自分は文章を書くのが不得意なんだと思い込んでしまったり、書くことに苦手意識を持ってしまう人もいます。

心当たりがある人は、意識のスイッチを次のように切り替えてみましょう。

ほんの少し視点を切り替えるだけで、すらすら文章を書けるようになります。

■迷ったときこそ、〝頑張った話〟を書こう

「何を書いたらいいかわからない」

「金縛りにあってしまって文章が出てこない」

そんなときは、**「自分が過去に頑張ったときの思い出話を書く」**ようにしましょう。

「自分は人に誇れるような体験はない……」

そんな人にも過去を振り返れば必ず何かひとつ、頑張った経験が見つかるはずです。どんな小さなことでもいいのです。先月の自分、昨年の自分、３年前の自分の話でもいいでしょう。

まずは昔のアルバムでも見ながら、ゆっくり過去を振り返ってみてください。

ポイントは、**文章を書かなければいけないという意識や、文章をきっちり正しく書くという意識から離れるということです。**

思い出したことを、気まぐれに文字に変換していけばいいのです。過去の感覚を文字にするだけで、気が付いたら200~300文字のコラムになっているはずです。

肩の力を抜いて、**「メモする」「伝える」**といった気軽な気持ちで手を動かすだけで、文章がどんどんあふれ出るはずです。

たとえば、去年の今頃の「頑張った思い出」について書くとしましょう。

「去年の今頃、私はAというプロジェクトに関わっていた。いつも睡眠時間は平均3時間。眠い目をこすりながら一生懸命頑張った。結果、目標の数字を達成することができた。倒れそうになりながら、アスリートになった気持ちで走り続けた。終わった後の充実感は、何ものにも代え難いものがあった」

このように自分が頑張った話をフェイスブックに書くだけで、いつもより「いいね」がたくさんついたり、「応援コメント」が多くついたりします。

私の場合、あえてピンチの話をフェイスブックに書くことがあります。目の前の急場がチャンスに変わることを祈りながら、**あえてマイナスの状況を書いて**

しまうのです。

しかし、こうして書くことで、**絶対に負けられない気持ちがわきあがり、自分を奮起させることができます。**

追い込まれた状態のときも、このように「書く力」を借りて、自分で自分にパワーを送り込むことができます。

すると「いいね」や感慨深いコメントが多くつくのは言うまでもありません。そのたびに「自分は一人じゃないんだな……」と感じることができ、小さな手応えを積み重ねることができるはずです。

■ブログを書き続けると、出版に一歩近づく

私が文章の書き方を教えている「潮凪道場」の生徒さんで、書籍企画書を20社に持って行ったのに、１社からも採用されなかったという人がいます。ここでは仮にＭさんとしましょう。

Ｍさんはふだん、フェイスブックで投稿するたびに、必ず数百件の「いいね」

がつくような人です。しかし、書籍企画となると採用されない……。

理由は明白でした。ブログのような、まったくMさんのことを知らない人に届けるメディアを書いたことがないため、客観的な評価が見えなかったのです。

そこでMさんはブログだけでなく、知り合いのウェブメディアで、連載を始めました。Mさんは専門分野について、パブリックに向けて発信し続けることで、ファンを獲得していきました。

そして、時間をかけてバックグランドをつくり、改めて出版社に持っていきました。結果、2年半後にようやく出版企画として採用されたのです。彼女は飛び上がるほど喜びました。

一緒に試行錯誤したその2年半は、彼女が一生書いていく自信につながっています。これからもきっと、Mさんは書き続けることができるでしょう。

読者のみなさんのなかで、コラムニストやライターなど、**書くことを職業にしたい方は、ぜひあきらめずにネタを集め続けてください**。その際、必ず自分のブログを書き続けること、さらにはウェブメディアの連載に挑戦することをおすすめします。フェイスブックではなく、パブリックなメディアで書く機会を継続するのです。

あなたの夢はきっと叶い、大きく人生は変わり始めるはずです。書くことにより、人生が動き出すのです。

2

自分の仕事の話を自信を持って発信しよう

■ 強いコンテンツを持っている人は、魅力的な文章が書ける

ＳＮＳやブログで、人の心を動かす文章や、人を感動させるようなストーリーを書きたい。なのに、書けども書けども文章が浮かんでこないときがあります。そんなときは、軽い絶望感すら抱くものです。しかし、落ち込む必要はありません。あなたの仕事の専門分野から執筆題材を導き出すことで、この問題は解決できます。人にはそれぞれ、必ず得意分野があります。あなたも既に何かの分野のプロフェッショナルなはずです。そうです。仕事について書けばいいのです。

自分の専門分野を書く、それだけで、あなたは優秀な書き手になることができます。

読み手は、あなたの得意分野においては素人です。あなたが先生で、読み手が生徒さん。そのくらいのつもりでわかりやすく噛み砕き、丁寧すぎるくらいに解説していくのです。

これができればきっと、読み手の心をつかむことができるはずです。

■まともにメールを送れなかったWさんに彼女ができた理由

以前、私の文章教室に、文章が苦手で、メールを打つだけでも四苦八苦の人がいました。

異性に送るメールの文章も支離滅裂なので、自分の書いた文章を直してほしいとお願いされるほどでした。実際、メールを見てみると、これでは音信不通になるのも、無理はありませんでした。

ところが、あるときからWさんは、自分の得意分野をブログに書くことを始めました。

彼はシャッター屋さんで、シャッター選びに関してはいわばプロです。私はこのコンテンツをブログにしたら、いいものができそうだと感じたのです。

たとえば、雪でシャッターが壊れたりしたら、どこに電話をしますか？　ふつうはシャッターのメーカーと考えると思います。しかし、実際は代理店でないと工事ができないそうです。

そこで私は、賢いシャッターの選び方や発注の仕方を書いてくださいと伝えました。彼は「シャッターを選ぶときは、近くのシャッター代理店を探してください。メーカーに連絡してもだめです。シャッター屋さんをネットで検索しましょう。そして見積もりを2社以上」と言いかけた後、「でも、これってふつうじゃないですか？」と言いました。私はすかさず「そんなことありません」と激励しました。彼はみんなが知らない特別な知識を持っていたからです。彼は自分の得意なことを、ブログで自信を持って発信し始めました。そして、だんだん書くことに慣れていきました。

その後、パーティで出会った女性に連絡先を聞き、さらにはＬＩＮＥでコミユニケーションを始めました。

最初は心配でしたが、ついに彼は交際にこぎ着けました。その３ヶ月後、同棲を始めました。当時彼は43歳でしたが、仕事などの得意分野の文章を書くことで作文に慣れ、メールもふつうに打てるようになり、文字コミュニケーションにも自信が持てるようになったのです。

■どんな職業でも、その職業以外の人にとっては〝先生〟

まずは、何がともあれ、あなたの得意な分野を明らかにしてください。

自分の専門分野を書いていくうちに、読者やファンとつながりができれば、自信がついて、ますます発信への意欲が高まります。

会社でデータを入力している人だったら、机の配置の仕方、肩こりしないための目線の高さの調整、文字のフォントの大きさを調整する方法などへのこだわりを書くことができるはずです。

小売店で販売をしている人であれば、お客様への声のかけ方、間合いの取り方、声のトーン、最初に話しかける言葉の選び方を書くことができます。

きっと読み手は勉強になり、心を動かされるはずです。

自分の持っている仕事上のノウハウを、もっともっとリスペクトしてください。

どんな職業でも、その職業以外の人にとっては先生です。そう思えば、ふだん当たり前にやっていることも、わかりやすく伝えることができるはずなのです。レジの打ち方ひとつとっても、ブログに書いてあれば、読み手は弟子入りした気分になります。そうやって、自分の特技を信じて書くことが大切なのです。

3

自分以外の誰かを応援しよう

■ 応援の連鎖ができると、相手のやる気を引き出せる

どんなに文章が苦手な人でも、簡単に文章が書ける方法があります。

それは、**相手を応援するということ**です。

「応援のメッセージを送る」のです。

ＳＮＳで、誰かが「仕事がうまくいった」「結婚した」「運悪く病気になってしまった」「これから新しいことに挑戦します」といった書き込みをしていたとしましょう。

そんな人たちに、応援のメッセージを送ればいいのです。あるいは誰かが頑

張っている記事をコメントつきでシェアします。

これが〝書くこと〟で応援するということです。

そうして**応援の連鎖をつくっていくのです**。

応援の気持ちさえあれば、ゼロから何かを書こうとしなくても、自然と文章が浮かんでくるものです。

応援メッセージを送ると、相手は勇気づけられ、喜んでくれます。あなたから応援のメッセージを送られた人は、自信をつけてやる気をみなぎらせます。そしてあなたに感謝をして、つながっていたい、もっとつながりたい、と思い、あなたを好きになります。少なくとも嫌いになるということはありません。

さらに、応援のメッセージを書いているうちに、あなた自身にも大きなメリットが生じます。**あなた自身も元気になってくるということです**。

「自分も真剣に頑張ってみよう」と、下腹に力が入って、胸が高鳴ります。

あなたにも経験がありませんか？　サッカーの応援をしているうちに、自分の人生をそれに重ねて、自分を応援するかのようにシンクロし、ガッツがわきあがったことが。

いつしかサッカーを応援しているのか、自分の人生を応援しているのか、どちらかわからない状態になり、人生がプラスに働き始めます。誰かの応援は自分の人生の応援にもつながるのです。

さらにもうひとついいことがあります。

フェイスブックなどで誰かの応援をし続けていると、一見自分が相手のファンになってしまったかのように感じられますが、実は相手もあなたのファンになっていくということです。

あなたが何かを頑張ったときに、今度は相手が必ず応援のメッセージをくれるはずです。それによってお互いが頑張り続けられる、そんな関係を構築することができるのです。

4 自分なりの挫折の乗り越え方を書こう

■挫折を乗り越えた話は人の心をつかむ

誰かにフェイスブックの投稿を読んでもらいたい、ブログを読んでもらいたい、そして読者ファンになってもらいたい。そんなときは、自分なりに挫折の乗り越え方を書いてください。

人生を振り返って、これまでに経験した色々な挫折を思い出してみるのです。ふだんは忘れていても、掘り起こしてみれば、挫折の経験が必ずあるはずです。

実は、挫折を乗り越えた話というのは、人生の糧になります。そのため、読み手にとって、気になる話のひとつです。読むことで、いい勉強になるのです。

なぜなら読み手もある意味、あなたと同じ思いをしているからです。自分の人生を一生懸命生きていて、様々な壁にぶつかっています。挫折を乗り越えたエピソードが詳しければ詳しいほど、読み手のためになります。そして心に染み入り、知識として吸収されていくのです。

人の心をつかみたいなら、過去の挫折した話、壁にぶち当たった話を書くと、とても効果があります。

乗り越えた話がない人は、今ぶち当たっている壁について書いてもいいでしょう。その後どう乗り越えていくのか、実況中継すると、読者の目を引きます。挑戦している壁について書けば、周りの人々が応援し、あなたの心とつながります。距離が近づくわけです。「いいね！」やコメントをもらったら、あなたも周りと一体感を感じて、ますます力がみなぎるはずです。

挫折した話を書くときは、「これは苦しかった」「これを乗り越えた」という〝メインディッシュ〟の部分を端折らないことがポイントです。どんな風に乗り越えていったのか、ひとつのことを10個ぐらいに分解してください。丁寧に細かく書くのです。

たとえば転職したての人の場合、最初は周りからたくさん怒られたり、注意されたり、人間関係がよくないこともあるでしょう。そこで、良好な人間関係ができあがって、毎日会社に行くのが楽しみになるまでの過程を書くのです。そのためにどんな工夫をしたのか？　少なくとも10項目に切り刻んでレポートしてください。

「誰よりも朝早く出勤して掃除をした」「宴会部長になってバカになって警戒心を解いた」「周りの人たちの愚痴を誰よりも多く聞いた」「自分から周りの人を食事に誘った」など、様々あるはずです。どうやってピンチを乗り越えたのか、その過程を詳しすぎるくらいに書くことが大事なのです。

過去に挫折を乗り越えた経験。それは、あなたにとっては単なる思い出話にすぎないかもしれません。しかし、読み手からしてみれば、立派な、ピンチ挽回シミュレーションになり得るのです。**〝生きた教科書〟として、熟読されるのです。**

あなたの文章を読んだ人たちは、それを手本にして新しい行動をとります。

挫折した経験を赤裸々にオープンにすることで、周りがあなたに興味を持ち、信頼を得ることにつながっていくのです。

5

世の中を「こうしたい」という思いを発信しよう

■「世の中をよくしたい」という思いは人の心を動かす

さて、このあたりでもう一度、本書が何のための本なのかを思い出してみましょう。そうです。文章を書くことで、人の心を動かし、新たな行動をとってもらい、幸せへと導く。それと同時に、あなた自身も幸せになるための本です。

あなたは今、書くことでプロジェクトを前に進め、幸運を呼び込み、すばらしい人生をつくりたいと思っているはずです。

そうなるためには周りからの共感を集め、小さなリスペクトと信頼、そして期待を集めなければなりません。

具体的には何をすればいいでしょうか？

シンプルに、「世の中をこうしたい」という強い思いを発信することが必要です。そうすれば、あなたは周囲から興味や関心、尊敬を集め、共感を得て、仲間を集めることができます。

今、世の中にはたくさんの問題が存在しています。

たとえば少子化の問題。このままいくと、日本の人口はどんどん減っていきます。一生独身で過ごす人たちも増え、さまざまな問題が発生するでしょう。

このテーマについて「少子化問題を解決するために、微力ながら世の中を変えることに協力をしていきたい。私の力など小さいけれども、少しでも世の中をよくするために力を注ぎたい、そんな思いを謙虚なスタンスで発信してみるのです。

「世の中をこうしたい」という強い思いを発信して、そのなかに「自分も微力ながら一翼を担いたい。関わっていきたい。頑張ります」という主旨を書く。

このように**壮大なビジョンに対して、謙虚な立ち位置で書いていくのがポイン**

トです。これにより、協力者が生まれるのです。あなたのポリシーに共感した人との出会いも生まれるでしょう。あなたの発信によって、様々な人が動くのです。

周りの共感を得たいと思ったとき、世の中に対する強い思いが、驚くほどプラスに働くことがあります。しかし、その出し方はあくまでも謙虚に。

さあ、あなたも世の中に対する思いを謙虚に、そして熱く発信していきましょう。

6 数千年間、人の人生を動かし続けた文に触れよう

■人の心を動かす格言が詰まっている本を読もう

世の中には格言を収めた本がたくさんあります。格言のなかには、数千年の時代を超えて生き残っているものもあるほどです。有史以来、多くの人々がそれぞれの人生に格言を役立ててきました。**人の行動を動かす格言集は、まさに人の心を動かす〝文字の宝箱〟と言えるでしょう。**

そういった本を、**毎晩一行だけでいいので読んでください。**

これにより、人を動かす文章術が身に付いていきます。人の心を動かし、行動に導き、幸せにさせる。そして自分も一緒に幸せになる。そんな文章のエッ

センスを脳に刻み込むことができるのです。

私自身、毎日格言集を読んで、心にエネルギーを注入しています。「偉人に学ぶ100の言葉」のような本が、私の家にはたくさんあります。文章を書く方法が身に付くだけでなく、自分が格言を考えるときにとても役立ちます。格言集を読めば、あなたも人の心にしみ入る格言をつくることができるでしょう。

書店ではたくさんの格言集が売られていますが、自分の心が響いたものを購入してみてください。自分の心も元気にしながら、文章のコツを学んでいくことができます。

7

ブログに10文字でコメントをしよう

■人を動かす練習は10文字でできる

フェイスブックを始めたけれど、何から書いたらいいかわからない。そんな人は、まずフェイスブック上にあるほかの人の投稿を見ることです。そして、ほんの10文字程度のコメントを書き込んでみましょう。10文字以内に留めるのがポイントです。たくさん書こうと思うから気持ちがつらくなり、書きづらくなってしまうのです。

10文字以内ですから、大変シンプルに「おもしろい！」「かわいい！」「いかしてる！」「私もほしい！」など、心の動きを書けばいいだけです。

これを1日5回、10回とくり返してください。そのうち、自分の考えを発信することに抵抗がなくなり始めます。

それどころか、楽しくなってきます。その理由は、あなたが「私もほしい！」とか「かわいい！」「いかしてる！」と書き込んだことに対して、相手が喜び、短い返信をくれるからです。自分が発した言葉に対して、返事がくる。このことであなたは、小さな成功体験を積み重ねるのです。

そもそも、あなたが書けないでいるのは、筆力がないからではありません。おそらく**心が閉じているからなのです**。自分の気持ちを文字に乗せて発信することに、アレルギー・拒絶反応を起こしているだけなのです。だからこそまずはリハビリを兼ねて10文字以内で書いてみるのです。

これは、言ってみれば、自分の心を正確に拾って文字化するという練習です。

もし、10文字を書き終わった瞬間、「もっと書きたいな」と思ったときは、我慢せずにそのまま書き続けてください。あと5文字、あと10文字……ひと段落するところまで書いてしまいましょう。そのくり返しで、あなたの執筆力の芽はすこやかに育っていきます。

コメントで書く内容は、相手への賞賛や応援、共感などの前向きな言葉なので、言っている自分も楽しいし、相手もそれ以上に喜びます。これが相手のモチベーションを上げ、さらにアクティブに動かすことにつながります。

コメントの具体例としては「素晴らしい」「おめでとうございます」「いかしてる！」「頑張ってください」「応援しています」などです。

相手を鼓舞させるイメージで書きましょう。「刺激になります」「興味深いですね」もいいでしょう。

もちろん、NGなコメントもあります。よくやってしまいがちなのは、「というか、これは○○ですね」というおせっかいな言い直しです。ユーモアではなくて真剣に言い直してしまうと、楽しい雰囲気は台無しです。逆に、「バカだな」「人間関係力が低いな」とみんなから思われてしまいます。賢そうなところを見せようとしても、逆に印象が悪くなります。「上から目線」「正確に言い直す」は厳禁です。

さあ、まずは10文字！　コメントを書き、エンターキーを押し続けましょう。

8 ステキだなと感じるメールは真似してしまおう

■メールコミュニケーション能力の高い人から盗め！

日本でメール文化が本格的に始まったのは1996年、今から20年くらい前です。当時と比べて、今のメールコミュニケーションはかなりのハイレベルです。今の40〜50代の人よりも、生まれたときからメールがあった15〜20歳の人のほうが、メールコミュニケーション能力が高いですし、エチケット・マナー・文化を知り得ています。共感する力、伝達力など、すべてが上回っています。それは幼少期からメールコミュニケーションのノウハウを教育されているからにほかなりません。

では、どのようにして、メール文化は発達していったのでしょうか。それは、コミュニケーションに長けている人のメールが手本となり、世の中に伝播していったからです。多くの人たちがそれを学び、自然と文化を向上させていったのです。

メールコミュニケーション文化・レベルというのは、このようにしてこれからもどんどん発展していくはずです。

■「いいな」と思うメールはどんどん真似しよう

あなたもこの先、まだまだメールのコミュニケーション能力を高めることができます。読み手をうれしくさせたり、楽しくさせたり、やる気を出させたり、もっと言えば、人生を変えてしまうようなメールを駆使できるようになるのです。そのための方法をひとつ紹介しましょう。

それは、人からもらったメールで「いいな」と思った表現はどんどん真似していくということです。メールのトーンを声に出して読み返してみたり、目でしっかりと追ってください。あるいはコピーして自分のメーラーに貼り付けてアレンジして使用しましょう。

お手本になるメールを真似して使えば、あなたの表現レベルはどんどん上がっていきます。そのメールをもらってあなたの心が動いたように、相手もあなたからのメールで心が動きます。「素敵なメールを送る人だな」と感じて、あなたに対して好感を持ちます。あなたが何かプロジェクトに誘ったときは、快く動いてくれるはずです。

相手の心を必要以上に傷つけずに、むしろやる気が出るようなメールを送る。それがメールコミュニケーションの最高到達点です。それもいつの日か可能になるのです。

一緒にいて心地いい人、何かパワーをくれる人とは、一緒に何かをやりたいと思うもの。それが人間の本性です。ふだんからメールの工夫を心がけることで、そういう存在にあなた自身がなれてしまうのです。

反対に、どんなに正しいことを言っていても、相手のやる気をそぐ表現しか送れない人は、世の中からどんどん除外されていきます。

そのような人が書くメールは、相手をやる気にさせる文章ではなく、常に〝ネガティブな余韻〟を伴います。

逆に仕事ができる人たちはみな、ポジティブな文章の達人です。ポジティブな文章を最小限で短く表現します。気まずい事態が起こったとしても、「後で電話でお話ししましょう」などとかわし、ネガティブや誤解の余韻を文字で残すことがいっさいありません。

彼らは人の心がわかる人です。そういう人が出世したり、成功したり、人が集まってきたりします。

メールひとつであなたも、そのような人になれます。

誤解なく相手を怒らせずに、伝えたいことを伝え、そしてどんな状況においてもやる気にさせる、そのようなメール以外は送らない――。そういう人を目指しましょう！

第５章

人の心が動く文章術

～友人や読者の心を躍動的に変える！
自分も行動的になるＳＮＳ文章術～

1

体験がおもしろい文章をつくる

■「いいね」が多い人と少ない人の違いはどこにあるか？

今の人生に満足していない。もし今あなたがそう感じているのであれば、今すぐ文章の書き方を変えることをおすすめします。

文章を変えるだけで、人生を自由自在に変えることができる！　そう言い切っても過言ではないからです。

「嘘だろ？」

そう思うあなたも一度騙されたと思って、文章の書き方を変えてみましょう。

まず最初にあなたがやるべきこと。それは、**文章によって周囲の人々の心を上**

手につかんでいる人を探すことです。つまりお手本を探すということです。

たとえば、フェイスブックを見てみましょう。そして、たくさん「いいね」がついている人の文章をチェックします。思いつかない人は、少なくとも自分より「いいね」がたくさんついている人のウォールをチェックしてください。

その人が**選ぶネタ**や**文章のトーン**を見て何かを感じてください。

素直な心でその状態を「感じる」ことにより、「いいね」がたくさんついている理由がわかるはずです。

そして、伝えたいことを極限までそぎ落し、文章が短く書かれ、躍動的な文章になっているなどの違いに気付くはずです。

彼らの書き込みと比べて、あなたの文章は長すぎないでしょうか？

あるいは、文章が暗かったり、堅かったり、下品だったり、被害妄想だったり、極端な文章になっていませんか？

あるいは口調も、上から目線だったり、あるいはその逆に無味無臭で軽すぎるタッチではありませんか？

ほかにも、掲載している写真にも違いが見受けられるはずです。

■反響のある記事は、投稿「前」から決まっている

フェイスブックの投稿に「いいね」がつくかつかないかは、多くの場合、ネタを選んだ瞬間に決まっています。

実は、**反響があるかどうかは「ネタ次第」なのです**。文章力は関係ないと言っても過言ではありません。

たとえば第4章で紹介したように、何かを乗り越えようとしているときの投稿を書くと、たくさん「いいね」を押されることが多いです。また、シンプルにかわいい猫の写真を載せたり、美味しそうな食べ物の写真を載せて「いただきました」とさらっとひと言書いてあったりするだけでも、たくさん「いいね」がつくことがあります。あるいは、旅行でハワイに行ってきれいな海を撮影したものをアップしたら、「いいね」がたくさんつきます。これは、ハワイに行った時点で、「いいね」がたくさんつくことが目に見えているのです。

ですが、もっともっと「いいね」をもらうためにしておきたいことがあります。

それは、ふだんから**できるだけおもしろい行動をする**ということです。

たとえば本一冊とってみても、著者の行動がつまらないものだと、内容も地味になり、世界観も貧相になります。

著者がふだんから人と違う体験をし、文章にすると、それが最初の読者である編集者の目に止まって「おもしろい」となり、出版につながり、本になって売れるのです。特徴のない人が、特徴のないことを淡々と書いたとしても、本は売れません。本が売れるということは、その背景に**著者の興奮に満ちたリアルな体験が存在していることとセット**なのです。

書く媒体は何にせよ、文章をおもしろくするために、どんな体験をしたらおもしろいかをふだんから意識することです。それだけであなたが発信する文章は変化し、そしてコメントや「いいね」の数にも動きが現れます。

まずは日々の行動を見直すこと。そして、できるだけ人と違う、おもしろい体験をすることです。

それをフェイスブックに投稿するだけで、少しずつ「いいね」がもらえるようになり、人生が変わり始めるはずです。ぜひ試してみてください。

2

人生で最も楽しかったことをセオリー化せよ

■ 楽しかった思い出なら必ずスラスラ書ける

フェイスブックで文章を発信したいのに、書くことが思い浮かばない。

そんなときは、人生で最も楽しかったことを思い出してみてください。

人生を振り返り、最も楽しいと感じた出来事は何でしたか?

最も楽しかった瞬間を思い出しさえすれば、どんな人でも心を躍らせて文章を書くことができるはずです。

思い出の一シーン一シーンを実況中継する。それだけで文章がすらすら出てくるはずです。

「楽しかったなあ」

「大好きだったなあ」

そんな心の状態が蘇ります。その心の波動が文字に乗って、読み手の視覚から脳の思考回路に入り、相手の心を動かし始めます。

さて、ここで大切なポイントがあります。

それは、**最も楽しかったその瞬間は、「セオリー化」や「格言化」できる**ということです。

たとえば恋愛経験を振り返ることで、「恋愛はこうしたほうがうまくいく」といった自分流のコツが浮かび上がります。

たとえば「恋愛相手を見つけるのではなく、趣味を通じて楽しい友達を増やし続けると恋人が向こうから現れる」などのセオリーです。

あるいは新入社員だった当時を思い出せば、「新入社員はこう振る舞えばうまくいく」といった心得を思い出せたりもします。それらをほんの１～２行でセオリー化すればいいのです。

セオリー化こそ、自分のコンテンツを世の中に認めてもらう鉄板のやり方と言えます。読者やファンを増やしたり、書き手として世の中に打って出る、あるいは出版企画を出版社に採用してもらい、出版にこぎ着けるためには、この「セオリー化」が絶対不可欠の作業になります。とても地道で根気のいる作業です。しかし、この**「セオリー化」こそが、人の役に立つ文章を書くための基本練習となる**のです。

私の場合は、青春時代からの飲み会や食事会、イベント開催によって得た恋愛時の男性の生態データをセオリー化し、女性に対して発信したことから、女性向けの最初の単行本が発刊されました。

また、結婚した後の体験も大いに出版に役立っています。

たとえば家族で行ったハワイ旅行。ここで「ハワイに行ったら朝4時に起きて、朝8時まで仕事をすると超生産的である」というセオリーを学びました。

それは、人は一日中遊び呆けると、仕事が心配になってかえってストレスが溜まるので、せめて朝の時間だけでも仕事をすることで心が落ち着くというセオリーです。これは実際に書籍のネタとなり、読者から大きな共感を得ることができました。

こんな風に、楽しかった時間から、人生を楽しむセオリーを抽出するのです。SNSなどで「あなたもこうやって楽しんでみたらどうですか？」と、レクチャーすればよいのです。

具体的にイメージがわかない人のためにもっと細かく解説しましょう。

まずは、楽しかったことを「○○が楽しかった」と書きます。これが第一段階です。まずは「事実」として伝えるだけでいいのです。その後、その楽しみ方自体を分析して「○○を楽しむコツは××です」と、セオリーにしてみてください。

これで、読者にメリットを提供する文章ができあがります。

夜遊びにしても、麻雀にしても、ワインの飲み方にしても何にしても、あなたが楽しいと思った瞬間を思い出してください。

そこには楽しみ方のセオリーが必ず存在しています。

それをただ文章にするだけです。スラスラと書けてしまうことに、あなたはきっと驚いてしまうでしょう。

3

思い出の引き出しから文章を引き出そう

■写真を見れば、書く材料が思い浮かんでくる

なんとか文章を発信したい！　それなのにどうしても書けない！

そんなときに効果的な、とっておきの方法があります。

それは、**昔から撮りためていた大量の写真を眺める**ということです。

これは、実際に私が15年間やり続けている、とっておきの〝奥の手〟です。

本を書くときにも活用しています。

写真には、そこに写っている人の数だけストーリーが存在します。写真を見ながら記憶をたどっていくだけで、様々な人間模様が蘇ってくるのです。

たとえば一枚写真を見るだけで、A君とBさんがどのように仲良くなって、どのような過程で付き合うことになって、そしてなぜ喧嘩をし、なぜ別れたか――という恋愛ストーリーの一部始終が、鮮明に浮かび上がってくるのです。

たった一枚の写真のなかにも、多くの人間模様の実例が埋蔵されていることに気がつきます。

その実例をもとに、恋愛セオリーを導き出すこともできるのです。

これは恋愛セオリーに限ったことではありません。ビジネスセオリー、人生を生きるための教訓など、多くのエッセンスと出会うことができます。

あなたもスマホをパッと広げてみたり、あるいはアルバムをひっくり返して写真を眺めてみましょう。

「あんなことがあったな」「こんなことがあったな」などと、ネタが止めどなくあふれ出てくるはずです。

さらに例をご紹介しましょう。

たとえば私のスマホに入っている女性Dさんの写真を見ると、彼女のライフスタイルを思い出します。

Dさんは夫と小学校6年生の子どもがいるのですが、あるとき離婚を決意しました。そして、本当に自分のやりたかったことに心血を注ぎ始めました。

やがて「ビューティー・スタイリスト」として、ダイエットやアンチエイジングなどを教えるインストラクターになったのです。生活のために仕事をどんどん広げていき、どんどん美しくなっていきました。ここから〝女〟としての本当の人生が始まったのです。むしろ、結婚生活をしていたときよりも今のほうが彼女らしいし、幸せそうに見えます。

この実話から、離婚とその後のシングルマザーとして、あるいは一人の女性としての輝く生き方に関するセオリーが導き出されます。次なる恋愛や、結婚に関しても同様です。

「過去の不協和音を切り離し、新しい自分、本当の自分になってから、もう一度出会う人。その人こそが本当の運命の人なのではないでしょうか？」

そんなセオリーも導き出すことができます。

写真が思い出させてくれる人間模様。それは執筆ネタの宝庫です。楽しく過ごした時間は、全部写真に収めておく。それだけで、その瞬間をいつでも思い出して文章を書くことができます。プロの筆者やコラムニストを目指す方には必須の生活習慣と言えるでしょう。

写真を撮る習慣のない人は、ＳＮＳに載せる、載せないに限らず、**まずは目についたものをどんどん撮って記録するクセをつけるといいですね。**そして都度見返してみてください。必ずネタになる人がいます。

そして、その人の仕事や生き方を思い出します。こんな仕事もあるんだ、とか、そういう生き方もあるんだ、というふうに思いを馳せると、そこから必ず何かしらのセオリー文章を導き出せるはずです。

4

心が動いた瞬間だけを切り取って書こう

■心が動いた瞬間を書けばあなたは変わる

SNSやブログを書こうと思った瞬間、つい肩に力が入ってしまう人がいます。しかし、くれぐれもここは難しく考えないでください。あなたがやるべきことは**「心が動いた瞬間だけを切り取って文字にする」**ということだけです。

これはベストセラーの小説家、あるいはその他の著者たちが口を揃えて言うことです。

誤解を恐れず言うと、彼らは「心が動いた瞬間以外のことを書くな」と主張します。

どんなにつまらない毎日を送っていたとしても、心が動く瞬間が必ず一日に何回かはあるはずです。「風が気持ちよかった」とか「ココアがとろけるように美味しかった」「高速道路を走っていたら、幅寄せされてすごい危機感を感じた」「怒り狂った悪意の塊の人と遭遇した」など、マイナス・プラスにかかわらず、様々に心は動くはずです。

そうした心が動いた瞬間について、忘れないようにメモしておくのです。メモ帳に書いておくのもいいですし、携帯電話のメモ機能を利用したり、自分のメールに送っておくのもいいでしょう。

たとえばこんな文章でいいのです。

「今日のミーティングは非常にスムーズにいった。よかったと思ったら、行った先の会社のロビーも素敵だった」などです。これならあなたにも書けるはずです。

心が動いた瞬間をフェイスブックに投稿すると、ふだんの何倍も「いいね」

です。

感情が動いた瞬間の波動が、文字列に乗って読んだ人の心に伝播するからがつきます。

人の心は、特に休日のほうが動きやすいのではないでしょうか。ふだんは仕事で忙殺され、心は感覚を失いがちです。しかし、休日は心の余白ができて感受性が豊かになるものです。

たとえば、休日の朝のまどろみの瞬間を書くのもいいでしょう。

ただし書くべきことは、基本的に「いい」出来事だけです。

嫌な経験や悲しい経験は5回に1回ぐらいにしましょう。

私は2015年の冬、クリエイターが活躍できる空間を提供するべく、東京の目黒区に社屋を建てました。

スタート時期、多くの人が集まる施策を考えました。今や素晴らしい方々がイベントに来てくれて、盛り上がりを見せています。毎回、参加者が帰った後、心が大きく躍動していたことに気付かされます。その瞬間、絶対に書いておかないといけないと思い、「この場所が好き。毎回当たり前じゃない。ただありがとう」とフェイスブックに書きなぐるのです。それだけでいつもよりも多くの「いいね」や「コメント」をもらうことができます。心が動いた瞬間を素直に切り取って書けばいいのです。

このように、文章を書くことを難しく考えてはいけません。肩の力を抜き、心の動きを大切にするのです。

難しく考える息苦しさ・心苦しさ・大きな不安。私ももともとは文章が苦手だったので、その気持ちがよくわかります。

駆け出しの頃、思うように書けなかったときは「変な文章を書いてしまって笑われたり、イタイと思われたりするに違いない」と、自分を信じられなかったりしたものです。

しかし、文章を書くうえでの不安や迷いなど心の雑音、ノイズの無視に努めました。そして胸の真ん中に集中し、心が動いたエネルギーをパソコンにぶつけるようにして文字を激しく紡ぎ出しました。心が動いた瞬間を、そのまま文字に落としてみたのです。

その挑戦の一瞬一瞬が私の文章の創世記だったのかもしれません。

文章は心の版画です。心の動き・エネルギー・情景を念写するものです。心がネガフィルムで、写真をプリントアウトするイメージで自由に文字にしていきましょう。必ず心に響く文章が書けるようになるはずです。

秀逸で美しい文章を書こうとしてはいけません。文章にコンプレックスがある人が無理にやろうとすると、必ず上滑りの文章となります。

そうではなく、**心の真ん中をパソコンの画面に映し出すように、本音の荒削りの文章を打ち込むことです。**

それがたった一行で、読者の心にささる文章を紡ぎ出せる人になる第一歩なのです。

5

愚痴は解決策とセットで表現せよ

■ＳＮＳで特定の人の攻撃記事を書いても許されるとき

先ほど、「基本的にＳＮＳやブログには、ネガティブなことは書かないでください」と説明しました。

しかし、胸の内に溜まったモヤモヤを文字で公表してもいい「例外」のケースがあります。

それは、その嫌な出来事が、社会問題になるような出来事だった場合です。

さらには、「解決方法や回避方法を世の中に提示したい！」という思いがあふれた場合です。

ほかにも、詐欺まがいの事件に巻き込まれそうな場合やブラック企業の実態、事故、公害、その他不条理かつ圧倒的に人権が虐げられたような出来事などがそれにあたります。

「自分のように嫌な思いをする人を減らしたい」というスタンスで発信するのであれば、少々のネガティブ要素を含む文章の発信も許されることがあります。

「被害者を減らすため」

その見地から発信したネガティブ文章は世の中に対する「貢献」となります。

ただ、できればこういった文章は、毎日発信するのではなく、時々発信するくらいがちょうどいいでしょう。自分のなかで、**最小限にとどめておく**ことです。

なぜなら、**問題提起、被害体験ばかり書き込んでいては、あなたにネガティブなイメージがついてしまう**からです。

「いつも世の中に不満を抱いているただのややこしい人」、あるいは「揚げ足とりが趣味の人」のような感じにです。

そのように一度思われてしまうと、「人を遠ざけて」しまいます。

そうならないためにもまず、周りの人がなぜＳＮＳをやっているのか考えてみましょう。

あなたとつながっているたいていの人は、人生を楽しむためにＳＮＳをやっています。世の中の問題を解決するためにやっている人は、それほど多くはありません。

そうしたときに、あなたが発信したシビアな問題ばかりが目の前に飛び込んでくると、周りの人の楽しい時間が台無しになってしまうのです。

■問題提起と問題解決案をセットで書く

敵意を持って誰かのことを悪く書いてしまうと、それだけで「視野が狭くて、勝手に感情的になり、冷静な判断を失っている人」だと思われてしまいます。

負の感情は、文字で書くとなおさら強調されてしまいます。文字にすると、３倍になって伝わるという大鉄則があります。

「問題提起や怒りの感情の表現を発信してみたい」

「この悪しき体験の真相をフェイスブックから発信したい！」

このような衝動が止められないときは、〝ある書き方〟をおすすめします。

それはズバリ、**「前向きな気持ちや解決策とセットで書く」**ということです。

どんなに憤《いきどお》っていても、絶対にこの書き方を忘れてはいけません。

「解決策」も記載する——それだけで、読み手に対しての「メリット」を用意することができます。

ただの「毒吐き」ではなくなり、「体験型問題解決コラム」となるのです。


たとえば仕事中に、相手がつっけんどんで無礼なモノの言い方をしたとしましょう。腹が立って、腹が立って、

「こういう対応はありえないよね」と書き殴りたくなったとしましょう。

しかし、そのまま書いてはいけません。

「仕事でこういう事実がありました。でも、〇〇という方法で解決したいと思います。色々ありますが、前向きに生きていきます」

このように、ネガティブなことを書いた後は必ず解決策を記載し、さらに最

後は前向きな気持ちを表現し、さらっと文章を終わらせるのがいいでしょう。

日ごろから次のようなことを心がけていると、嫌な出来事があっても、人の心をポジティブに動かし続ける文章を書くことができるようになります。


突然雨に降られたときも「雨が降ってきた。傘ないや。最悪」と思いつつ、「いい機会だから、軒下でたまったメールにでも返信しよう」と書き込むのです。

「タクシーに乗っていたら、渋滞に巻き込まれてしまった。これで次のアポイントに遅れそう。最悪だ」

このような状況でも、

「アポイントとアポイントの間を少なくとも30分余裕を持ってあけておいたほうがいいということだ。これくらいで済んでよかった。気を引き締めて次の場所に向かうとしよう」

と切り替えて発信します。

あるいは「仕事で騙された。まんまと引っ掛けられて、お金を失うことになった。嫌なことがあるものだ」

という場合も、「でも、世の中には一定数そういう人がいてもおかしくない。逆に、これで厄払いをしたと思えばいいか。これ以上、悪いことはもう起こらない。さあ、上を向いて歩こう」と書き込みます。

愚痴であっても、後に前向きな気持ちや解決法が書いてあると、読むほうも気持ちがいいものです。また、書いている本人も、書くことによって**自分なりに次のアクションを冷静に分析できる**ので、一石二鳥なのです。**悪い出来事に対してポジティブな気持ちを巡らせる思考習慣を身に付けるいい機会**でもあります。

あなたの人生にとっても、いいことずくめなのです。

6

憧れの文章を一日一行でいいのでノートに書こう

■うまい文章のコツは憧れの人から盗み取ろう

憧れの作家や著者のように、「心に響き、そして伝わる文章」が書けたら、どんなに素晴らしいことでしょう。

しかし多くの人は、「そんなことは自分には到底無理」と思っています。

20代の頃の私は、まさにそのタイプの人間でした。

しかし今、文章へのコンプレックスを克服して感じることがあります。

それは、文章とは、訓練次第でうまくなる「芸事《げいごと》」のひとつであるということです。

芸事やスポーツは、お手本を真似てくり返し練習することで上達します。文章もそれと同じなのです。

習字を書くとき、お手本を横に置いて書くと文字がうまくなりますよね。

野球のバッティングフォームも、うまい人のフォームを真似することで上達します。スポーツ全般においても、名人の真似をするということは技術向上の第一歩となります。

文章においてもそれと同じ訓練が効果的であることは言うまでもありません。まずは、**憧れの書き手の文章を横に置いて、それを一日一行でいいので、ノートに書いていってください。**

一日一行だったら、どんなに忙しい人でも実行できるはずです。

朝起きてすぐ、あるいは寝る前など、ほんの少しの時間でいいのです。

お手本を真似して書いていているうちに、その憧れの書き手の書き方のリズムが、だんだんと乗り移ってきます。名人の**文章のリズム**や**表現方法**が脳のなかに刻まれ始めるのです。

実はこのやり方は、私も含め、プロの書き手が時々やっていることです。

多くのプロが文体を書き写して修行しているのですから、効果てきめんということになります。

特に、小説家志望の方は、このやり方をかなり重視しているようです。

まずは、何はともあれ、大好きな憧れの文章と出会うことです。お手本がなければ、始まりません。

■大好きなシンガーソングライターの歌詞をお手本にしよう

ところで、あなたはどんな音楽が好きですか？

好きで好きでたまらないアーティストが一人か二人はいるはずです。実はその憧れのアーティストの歌の歌詞を書き写すことで、あなたは文章が好きになり、そして人の心をつかむ文章を書けるようになります。

「なぜそんな遊びみたいなことで文章がうまくなるのか？」

そんなふうに思ったでしょうか。

その理由は明白です。

人間は皆、感情の生き物、そして嗜好《しこう》の生き物だからです。

英会話も素敵な先生から習ったほうが上達します。

中学校の頃を思い出してみてください。恋心を抱いていたり、尊敬している先生の課目を頑張ろうと思いませんでしたか？

憧れのアーティストに対しても同じことです。

「あんなふうになりたい！」「生まれ変わったらあんな生き方がしたい」と、憧れや尊敬の感情をあなたは抱いています。

「本能」が心底同化したいと感じているのです。

眠かろうが、少々風邪をひいていようが、あなたはアーティストの歌詞を好んで書き写し続けることができるはずです。

あなたが大好きなアーティストはあなたが「恋した先生」です。

歌詞のフレーズを毎日書き写してください。

そしてその心のトーンのまま、今度は自分のオリジナルのネタでフェイスブックから発信してみてほしいのです。

憧れのアーティストになりきったつもりで、発信する。それはとても楽しいことです。これにより、反響も必ず変わるはずです。

私も以前、憧れの人の文章を真似していました。詩人の銀色夏生《ぎんいろなつを》さんです。彼女のポエムがとても好きで、10代の頃からたくさん読み込んだものです。忙しかろうが、部屋が汚れていようが、銀色夏生さんの世界にどっぷり浸かって、書き写すことが楽しくて仕方がありませんでした。「やらされ感」などゼロでした。

今でもついつい、彼女を意識したポエムをフェイスブックに書いてしまうほどです。

また、大先輩の作家である中谷彰宏《なかたにあきひろ》さんにも長らく憧れていました。博報堂のクリエイティブご出身。イケメンかつ長身で、艶やかで素敵な方です。中谷さんの文体を読んだり、書き写したりして練習しているうちに、次第に自分流の味もトッピングできるようになりました。

憧れの人の文章を真似して発信することによって、**様々な友達や知人たちの心に生き生きとした情景を届けることができるようになったのです。**「いいね」をもらい、一体感が高まり、そして実際に読者と会う。

それから「また会いたいな」「またみんなに会おう」と思う。このように人生の一瞬一瞬をアクティブに塗り替えられたのです。

憧れの人の文章を一日一行でもいいので書き写してみましょう。

そこから人を動かし、自分の人生も動かす文章が身に付いていきます。

7

偉人になったつもりで発信してみよう

■偉人の思考になると人を動かす文章を書ける

偉人――そう聞いて誰を想像するでしょうか？　ナポレオン？　松下幸之助？　スティーブ・ジョブズ？

誰でもいいので、一番好きな人を思い出してみましょう。

次にあなたがやるべきことは、その人の物の考え方、行動パターンを頭のなかにインストールするということです。

パッとイメージできない場合は、インターネットで検索してその人について調べてみましょう。そしてその人の思考、言動、思想、論理をしっかりイメージしていきます。

そして、**「なんちゃって」でいいのでなりきってみてほしいのです。**

「なりきって何をするの？」

と思った方、いい質問です。なりきって日々のことを考え、そして浮かんで来た言動を文字にしてみるのです。

自分であって自分ではないような、でも少しスケールが大きく、そして賢くなったような考え方が紡ぎ出されるはずです。

文字化してフェイスブックやブログで発信してみると、今までの文章との違いに驚くはずです。

仕事への意気込みを書くとしても、今直面している問題を書くにしても、今日一日の素晴らしさや清々しさを書くにしても、驚くほど表現のトーンが変わります。

あなたが今ぶち当たっている問題は何ですか？　職場での人間関係？　人生を決定づける転職のことでしょうか？　今直面している問題をこの手法で書くのは特におすすめです。書くことで、頭を整理できて、極上のアイデアが浮かんできます。

「歴史上の偉人だったらこの問題をどう処理するだろうか？」と、様々な偉人の頭になったつもりで諸々の問題を考えてみてほしいのです。

緻密に、かつ愛ある決断を行なうための方針が紡ぎ出されてくるはずです。

たとえば私の場合、独立直後、５０００万円の住宅ローンを抱えたことがあります。仕事で売上を上げられず、借金が返済できないどころか、どんどん増えてしまった時期がありました。そのときにも偉人になったつもりで考えてみました。

司馬《しば》遼太郎《りようたろう》の小説を読んで以来、源頼朝《みなもとのよりとも》が好きになり、「源頼朝だったらどうするか」と考えました。「頼朝だったら、ピンチをどう切り抜けたのだろうか」と。

源頼朝は１１８０年（治承４年）、平家との戦いである石橋山の戦いで敗走し、残った６人の家来とともに千葉に逃がれました。たった６人では、平家を打倒しようにも、叶いません。そこで頼朝は力を蓄え、約数ヶ月後、平家との戦いに戻ってきました。そのときには家来は数万人になっていたそうです。平家2000人対源氏数万人。どちらが勝ったかは言うまでもありません。

このように、どんな困難なときでも絶対に打ち手はありますし、乗り越えようと思ったら手はあります。

結局、住宅ローンに困った私は、当時恋愛コラムを書いていたことから、「ホテルの恋愛体質改善プラン」を企業に対して提案しました。すると、その話題性から多くのメディア取材が発生し、広く知られることができました。その結果、待っていても仕事がどんどん発生する状態をつくることができたのです。

まじめに正面から戦うのではなく、偉人になったつもりで横から、斜めから物事を見て、奇襲を仕掛ける。押したり、引いたりしながら突破する。これにより、心が整い、よりよい策が生まれるはずです。そしてこのときの決断が、あなたの一生をよりよいものに変えていきます。

あなたがやるべきは、**このときの思考や計画を実際に、現在進行形でフェイス**

ブックやブログに書いてみるということです。

「おもしろいヤツだな！」

「今度一緒に何かやってみたいなあ」

「会ってみたい！」

「今度ゆっくり話してみたい」

読者をそのような気持ちにすることだってできてしまうのです。

読者の心が動き、人生が動き、あなたの人生も動き、いいことずくめになることは間違いありません。

人に見せられない場合はノートでもかまいません。

偉人の思考で大胆な発想をし、それをノートに書き込みます。さらには実際に行動してみてください。もちろんダメもとで大丈夫です。そのくり返しが、あなたの人生を偉人のスケールに少しずつ近づけていくのです。

第６章

人を動かす文章を書くために知っておきたい言葉

1 同窓会や誕生会のチラシを、心を込めてつくってみよう

■ 自分の〝文字〟で人を動かしてみる

自分の文章で人を動かしてみたい、そして人と一緒に行動をして、達成感を感じたい。そう考えたとき、何をしたらいいかわからない人も意外といるのではないでしょうか。

そこで、比較的楽しく達成することができる手っ取り早い方法があります。それはまず、**同窓会や誕生会、あるいは壮行会などを企画すること**です。そして、その**告知チラシを、心をこめてつくってみること**です。

自分がつくったチラシや案内文の文章が、受け取った人の心にささったとき、

彼らはイベントに参加してくれます。文章が人に影響を与え、人が行動を起こす瞬間、つまり人を動かした瞬間を味わうことができます。

このときあなたは、大きな大きな達成感を感じるはずです。

大それたイベントでなくてもかまいません。まずは、身の周りの３～５人、あるいは７～８人を実際に動かしてみる。それでいいのです。

彼らを動かすためのツールはもちろん、あなた自身の文章です。

そのとき、打ってつけのテーマが、同窓会や誕生会、壮行会の案内文作成なのです。

自分のイベントに来てもらう。つまり人を動かすということは、チラシを見た人の心に火をつけないといけません。

そのためにはどうしたらいいでしょうか。ただ「来てください」と、自分の気持ちをぶつけるだけでは、火はつきません。そのイベントに来てもらうことで、**相手にどんなメリットがあるのかをしっかりと考える必要があります。**

自分が今考えているイベントが、いかに楽しいものであるか、言葉を練りましょう。

それは並大抵のことではありません。人によっては苦痛が伴います。

しかし、それは人が喜ぶ空間・時間をつくるための、産みの苦しみです。

うまくいったときは自分の文章を見てイベントに来てくれるという喜びや達成感を心から感じることができます。

まずは遊び気分で試してみてください。

2

読みたくなる文章を書く人の9割は〝しっかり〟遊んでいる

■きちんと人生を遊んでいる人は魅力的な文章を書ける

読みたくなる文章を書く人たちの頭のなか、心のなかはどのような状態になっているのでしょうか。とても気になりますよね。

一言で言うと、彼らは常に**脳が活性化している状態**になっています。活性化といっても様々な状態があります。具体的に言うと、頭のなかの世界観の広がり方が自由で、そして大きいということです。ひとつの事柄に対して様々なイマジネーションが浮かんでいる状態です。

ここまでは誰でも容易に想像がつくと思います。ただ、どのように脳は活性するのでしょうか。

それは、その人の**日々の楽しい体験**から発生します。脳は楽しい体験に反応するのです。これがとても重要なのです。

頭のなかが活性化している状態だとしても、〝やらされ感〟を感じていたり、やりたくないことであれば、人が読みたくなる文章を書くことはできません。つまり、いかに頭を使っても、人生を楽しめていない人の文章はつまらないのです。

その逆も言えるでしょう。勉強や国語なんかできなくても、頭のなかが好奇心や興奮で満ちている状態。それが体験に裏付けされており、脳が活性化していれば、人の心を動かす文章は書けるということなのです。

勉強はできるけど、文章が下手である人が世の中に多いことからも、このことは想像できるかと思います。

自分の文章で人を動かしたい。その前に人が読みたくなる文章を書きたいという場合、まずは**自分の心のなかに目を向けることです**。自分が書き出した文章を眺めては「ああ、おもしろくないな」とため息をつくのではありません。自分の胸の真ん中にあるものに興味を持ち、あなた自身の興奮の対象を見つけて、毎日興奮できる時間・空間をライフスタイルのなかに取り入れてください。１日１～２時間、あるいは１週間に１～２回でもいいのです。まずはそれをつくることで、人が読みたくなる文を書く心の状態をつくることができます。

■心を躍らせながら書いた文章こそおもしろい

自分が楽しいと思ったことを書けば、あなたの文章はとたんに魅力的になります。心を躍らせて何気なく書いた文章はおもしろく、心を躍らせずに書いた文章は、たとえ饒舌《じょうぜつ》でもつまらない、ということなのです。

幼児期に好奇心や知識欲を満たした子どもは、脳がよく発達し、学校の勉強だけでなく、生きるための機転がききやすくなると言われています。子どもの脳が活性化するのと同じように、大人になってからの文章力向上は、脳の活性化がカギになります。

楽しいと思えること、興奮できる時間・空間がたくさんある。そしてその体験をしまっておけるフォルダが心のなかにいくつか存在する。その引き出しをいつでも開けて文字で表現することが大切です。

つまり、密室にこもって文章を練習するよりも、**心や感情が動く体験をすることが重要**ということです。読みたくなる文章を書く人の9割が、きちんと自分の人生を遊んでいます。人生を心から楽しんでいると言えるのです。

文章力を鍛えようと思うなら、心と脳みそが活性化する人生体験、時間、空間をつくってください。文章とは、どこまでいっても環境と体験で書くものなのです。

3

人を動かす文章を書くために必要な格言～本田宗一郎編

■人の気持ちがわからなければ、相手は動かない

「人を動かすことができる人は、他人の気持ちになれる人である。人の気持ちがわかる人でなければ、相手を動かすことはできない。自分が悩んだことのない人は、人を動かすことはできないのである」

これは、ホンダの創業者・本《ほん》田《だ》宗《そう》一郎《いちろう》の言葉です。ここにもあるように、**人を動かしたければ人の気持ちを知ることがまず大切**です。人の気持ちに寄り添い、何を感じて何を欲しているか、突き止めてください。周囲の人たちの気持ちの

状態をしっかりと認識することが大事です。

まずは文を書く前に、周りに意識を向けましょう。もしくは目の前の相手の心に周波数を合わせてください。どんな心の状態であるかを知ることが大切です。

それからメールの作文をします。

それが人を動かす文章を書くときの基本の基本でもあります。

さらにもうひとつ、本田宗一郎はこんなことを言っています。

「自分のために働くことが絶対条件だ。一生懸命に働くことが、同時に会社のプラスになれば会社もよくなる」

これは、会社のために社員が犠牲になるのはおかしいと言っているのです。この言葉に、多くの人がやる気になって仕事に打ち込みました。

たとえば、あなたが会社の社長、あるいは管理職であれば、この言葉を社員にメールないし言葉で伝えましょう。またはブログで、あるいは社内報で伝えることができたなら、社員は必ずやる気を出して毎日働くはずです。その結果として、会社も成長していきます。

ただし、会社の仕組みをつくり替えなければいけないこともあるかもしれません。この場合は、社員が自分のために頑張れば頑張るほど、会社への貢献度が上がるような労働形態の仕組みが必要になってきます。

また、本田宗一郎はこんなことも言っています。

「実を言うと、社長をやっていたときは金儲けが財産だと思っていたけれども、結局友達がほんとうの財産だと思う」

たしかに、金儲けや仕事を通じて誰かと行動を起こしたら得をするでしょう。それも大切なのですが、**仕事の環境を度外視した視点で、つまり一人の人間とし**

て相手を見ることが大切ということを言っています。そのほうが人間は幸せになると、成功者・本田宗一郎は語っているのです。

仕事の話題を抜きにして、メールをしたり、それからＳＮＳに書き込みをしたり手紙を書いたりする――それが相手の心を打ち、相手を引き寄せ、そして一緒に楽しい時間を過ごすことにつながるのです。

4

人を動かす文章を書くために必要な格言〜山本五十六編

■相手にやらせる前に、自分でやって見せよう

あなたは部下にメールを送るとき、どのようなメールを送っていますか。おそらくメールあるいはＬＩＮＥ、あるいはフェイスブックのメッセンジャーなどを使って、部下に連絡をしていると思います。ときにほめたり、叱咤したり、注意したりすることを日々くり返していることでしょう。

そんなときに覚えておきたい格言を紹介します。

「やってみせ、言ってきかせて、させてみせ、ほめてやらねば、人は動かじ」

これは太平洋戦争開戦時の連合艦隊司令長官・山本五十六《やまもといそろく》の言葉です。**まず自分がやってみせる。そして言って聞かせて、説明をする。そして目の前で実際にやらせてみて、よい点をほめてあげる。そうしなければ人は動きません。**文章による指示文など、何らかの投げかけをするときに、この格言を思い出してください。

たとえば、指示のメールと一緒に「今から自分がやってみせるから、時間があるか？」とメールをします。そして実際に会って説明し、その場でやって見せる。そして部下がやってできたら、ほめてあげます。

その後思ったこと、さらに追加説明があればメールで説明をしましょう。新たな課題をメールで与え、そしてよかった点をほめる。こんな風に、メールをうまく使って上手に人を動かしていってください。

さらに山本五十六は次のようなことも言っています。

「話し合い、耳を傾け、承認し、任せてやらねば、人は育たず」

やっている姿を感謝して、見守って、信頼しないと人は実らないということです。この格言からも、人を動かすヒントが学び取れます。

メールであっても、ただ相手の行動や達成度をチェックするだけではいけません。つまりしっかり話し合い、アイデアを出し合うことが大切ということなのです。相手の出したアイデアを承認し、どうしてそのアイデアを思いついたかを質問して、いいところをほめるのです。

その後、話し合いで決まったアイデアの実行を任せ、随時メールで報告してもらいます。その後さらに「君を信頼しているから、ますますがんばれ」と、彼を応援するメールを送るのです。

「デスクに向かってしっかりした文章を作成して送らなければ！」と気負わなくても大丈夫です。電車で移動中、ランチを食べているとき、あるいは待ち時間など、時間が空いたときに送っても、十分効果が得られます。

相手は喜び、そして能力のすべてを発揮してくれるはずです。

これは、試さない手はありません。

5

人を動かす文章を書くために必要な格言～チャーチル編

■自分が感動していれば、その感動は相手に伝わる

「人を感動させるには、自分が心の底から感動しなければならない。自分が涙を流さなければ、人の涙を誘うことはできない。自分が信じなければ、人を信じさせることはできない」

これは、イギリスの首相でありノーベル文学賞作家のウィンストン・チャーチルの言葉です。この文章を通して、人を感動させる文章を書きたければ、まず、**自分が心の底から感動しなければいけない**ということにつながります。

逆を言えば、自分の心が本当に感動していれば、それを文字にすれば必ず伝わります。あなたの文章で読者の心を感動させることができるのです。

さらには、自分が本当に感動して涙を流した、あるいは悲しい思いをしたのであれば、それを文章にしてください。人の涙を誘うことができるはずです。

ただここでひとつ言えることは、あまりにも悲しい物語は、文字にして人に赤裸々《せきらら》に送らないほうがいいということです。悲しみのエネルギー・負のエネルギーが何倍にもなって相手に伝わってしまいます。涙を誘いたい場合は、自分が感動して泣いた話を送るようにします。

つまり、あなたが新しい活動や行動テーマを誰かにすすめるとき、あるいは自分のプロジェクトに巻き込みたいと思うときは、自分がまずプロジェクトに**心の底から惚れる**ということが大切になります。逆を言えば、自分が心底惚れていないのに人を巻き込むのは、少々罪と言えるのではないのでしょうか。

巻き込んだとしても低温、温度・体温の低い盛り上がりしか期待できません。つまりプロジェクトは成功しないのです。

もし人に何かをすすめるのなら、**自分が心底いいなと思うことだけをすすめる**——これも成功のポイントです。その高ぶりや感動を文字にして誘い込むのが最も効果的な方法と言えるのです。

6 人を動かす文章を書くために必要な格言～カーネギー編

■人は誰もが自尊心を持っている

「人は誰でも他人よりも何らかの点で優れていると考えている、優れていると考えていることを忘れてはならない。相手の心を確実につかむ方法は相手が相手なりの重要人物であると、それとなくあるいは心から認めてやることである」

これはアメリカの作家であり実業家である、デール・カーネギーの言葉です。この言葉を意識しながらメール文を書くことによって、相手はあなたと強い絆を結び、あなたを信頼し始めます。そしてあなたについて行くために心を固めるでしょう。同じプロジェクトに加わって一緒に何か達成していく、そのような関係に発展していくはずです。

ここで重要なことは、**人は誰でも自尊心を持っている**ということです。何らかの点で周囲よりも優れていると思いながら、自分を支えながら生きているのです。

もちろん、すべてにおいて自分が万能だと思っている人はいません。しかし、誰もが「ある一点においては人より優れている」といった限られたプライドを持っているものです。

人を動かす文章を書きたいなら、**相手が何に対してプライドを持っているのか、優れていると思っているのか、いち早く察知することです**。それを文章にしてほめる、あるいは尊敬する、あるいは教えを乞う形で相手に送りましょう。そうすれば、相手はそのテーマにおいて重要人物である、つまりイニシアチブを取る人間であると自負することができます。

こうして確実に相手の心をつかむことができるのです。あなたからそのように思われた人間は、あなたと一緒に、あるいはあなたのために快く動いてくれるはずなのです。

ところで、私が様々な人とメールをしていて気付くことがあります。それは、人のタイプは2種類に分かれるということです。

一方は、こちら側の大事にしていること、あるいは特技だと思っていることをうまく認めて、教えを乞い、重要人物たらんことを演出しながらコミュニケーションをしてくる人。もう一方は、その逆で、自分が大切に思っていることをとても雑に扱ってくる人です。この違いは驚くべきことです。

人生で得をするのは断然、前者のほうです。後者はとても無粋な人間に見えるだけでなく、人の心がわからない、人の付き合い方があまり得意ではないと思われてしまいます。こちら側から見ても、人生があまり発展せず、幸せではない人間だと見えてしまうものです。

人を動かすには、相手の自尊心をうまく刺激することが大切です。相手がプライドを持っていることは何かを知ることから始めてみましょう。

7

人を動かす文章を書くために必要な格言〜斎藤茂太編

■自分ではなく、人に花を持たせよう

「他人に花を持たせよう、自分に花の香りが残る」

これは、精神科医であり随筆家の斎藤茂太《さいとうしげた》の言葉です。プロジェクトを進めるときや、何らかの形で人に動いてもらいたいときに効果的な言葉です。

その人をスターとして育てる気持ちを持つ、あるいは責任者として立ててみるのです。そうすることによって、自分自身も充実感を感じることができると教えてくれています。

常に「自分が自分が」と、自分が前に出るのではなく、人が成功するために、スーパースターになるためにバックアップをする。相手を鼓舞させる言葉を考えて送る。手紙を書いたり、ＳＮＳで発信することが大切なのです。

そうすることで、相手はあなたに感謝の念を抱きます。そして、成功体験を思い出すたびに、あなたのことを思い出します。たとえあなたがこの世から消えたとしても、相手の行動のなかにあなたの存在が残り続けるのです。

「自分に花の香りが残る」。これは、誰かが行動を起こして世の中がよくなったときの第三者の成功のきっかけが自分にあるという自負心、満足感のことなのでしょう。

人に動いてほしいときは、ぜひ相手のほうに花を持たせましょう。そして自分の手元に花の香りが残るようなシナリオを想像してください。それを予想してほのかに心を躍らせながら、部下や同僚やプロジェクトチームのメンバーに、「あなたが輝きますように。あなたがうまくいきますように。あなたに成功してほしい」とメールを送ってみてください。**相手に大きな舞台を用意してあげれば、後にあなたにも必ず幸福がやってくるのです。**

8

人を動かす文章を書くために必要な格言～リンカーン編

■ 文字による心ない攻撃に、文字で返すのはNG

「自己の向上を心がけている者は、喧嘩などをする暇はないはずだ。おまけに喧嘩の結果、不機嫌になったり自制心を失ったりすることを思えば、いよいよ喧嘩はできなくなる」

これは、第16代アメリカ大統領、エイブラハム・リンカーンの言葉です。

確かに周囲の成功している人、人生が充実している人、恋愛も友情関係も、人間関係がうまくいっている人は、喧嘩をする時間などありません。彼らは喧嘩を一秒でも早く終わらせる術を持っています。それは相手を一瞬で打ち負かす力や無視する力、縁を切る力かもしれません。あるいは相手にもっとためになる提案をして、解決策を見出していく、そんな力なのかもしれません。

しかしいずれにせよ、**相手からの心ない攻撃には、一文字たりとも攻撃的な文章で返すべきではない**ということです。

幕末の志士・坂本《さかもと》龍《りょう》馬《ま》も言っています。

「俺は議論しない。議論に勝っても人の生き方は変えられない」と。

第3章にも少し書きましたが、受け取った攻撃的なメールに対し、長文で返すのは得策ではありません。メールで議論して相手を否定すると、その衝撃は相手に何倍にもなって伝わります。ダークサイドな恨みが相手の心のなかに残ります。それは必ず、相手からはね返ってきます。いいことはひとつもないのです。そのため、返すとすれば、「口頭で話し合いましょう」と言ってください。

この格言は、インターネット上で自分への攻撃や誹謗中傷《ひぼうちゅうしょう》を見つけてしまったときにも役に立ちます。ぜひ参考にしてみてください。

9 人を動かす文章を書くために必要な格言〜ナポレオン編

■メンバーが希望を感じる言葉を伝えよう

「リーダーとは希望を配る人なのだ」

これは、フランスの軍人・皇帝のナポレオンの言葉です。人を本当に動かしたい人が知っておくべき格言でしょう。

人を動かしたいということは、あなたは今何らかのリーダーになっているはずです。会社のプロジェクトチーム、会社の課長・係長・社長、あるいは飲み会の幹事、結婚式の二次会、スポーツジムの責任者、勉強会の発案者など、規模の大小は問いません。日々のなかでリーダーになる機会は数多くあります。

そんなときにあなたがすべきなのは、メール・SNS・ブログ・手紙で詳細な指示を出すことだけではありません。もちろん、詳細な指示がなければ人は困惑します。しかし、それ以上にもっと大事なのは、リーダーは希望を配る人であるべきということなのです。

日々、仕事上の指示を細かく行なっているうちに、息の詰まるような空気が蔓延《まんえん》してしまうことがないでしょうか？　そうならないように、一週間に一度はみんなが希望を感じられるような言葉を発信するのです。あえて文字にして送るのが重要です。方法は、メール・手紙・ブログ・社内報など、何でもかまいません。

ぜひリーダーとしてチームに希望を配り、幸せ気分で仕事に向き合えるように導いてください。

10 人を動かす文章を書くために必要な格言〜アイゼンハワー編

■ユーモアを加えて周囲を活性化させよう

「ユーモアのセンスはリーダーシップに必要なものであり処世術であり、ものごとをうまく運ばせる方法である」

アメリカの第34代大統領、ドワイト・D・アイゼンハワーの言葉です。**人を動かすのであれば、ユーモアが必要**です。これはメールを送るときもそうです。

とはいえ、シリアスに真剣に知的に、よりよいアイデアを出すことを考えて、メールをすることも、もちろん大切です。それは物事を動かすときの根幹、そして主観になるものです。

あなたは文章を書くとき、このユーモアを理解しているでしょうか？　四角《しかく》四面《しめん》のまじめな文章を送っていないでしょうか。それだけでは、人の心は動きません。ユーモアを織り交ぜて文章を送るということが大切です。人の心を動かしたければ、この格言を思い出しながら、メールを打ってみることが必要なのです。

今日送るメール、明日送るメールの中に、ぜひともユーモアをひとつ織り交ぜてほしいのです。仕事の人間関係を包む空気が一瞬で変わるはずです。あるいは妻・恋人・家族・友人に送るメールにも、あとひとかけらのユーモアを！

人は動き、関係は調和し、成果も上がり、笑顔も咲く——。そんな素敵な生活があなたのもとに、当たり前のように訪れるはずです。

潮凪洋介 *Yosuke Shionagi*

エッセイスト・講演家・イベントプロデューサー。株式会社ハートランド代表取締役。早稲田大学卒。20代の頃から「恋愛」や「自由な人生」をテーマを中心に執筆。『もう「いい人」になるのはやめなさい！』(KADOKAWA)、『「バカになれる男」の魅力』(三笠書房)がベストセラーになる。2015年までに50冊の著書を出版している。クリエーターの交流と化学反応の場である「目黒クリエーターズハウス」のほか、「自由人生塾」や「リアルエッセイスト養成塾　潮凪道場」を主催。過去に4000回を超えるレッスンを行い、数多くの著者を育成している。また、毎週木曜日に「大人の海辺の社交場　芝浦ハーバーラウンジ」を開催し、年間3000人が参加している。

◆リアルエッセイスト養成塾　潮凪道場
http://www.hl-inc.jp/essayist/

◆目黒クリエーターズハウス
http://creators-house.jp/

たった一行で人を動かす　文章術

2016年4月5日　初版発行

著　者　潮凪洋介
発行者　野村直克
発行所　総合法令出版株式会社
〒103-0001　東京都中央区日本橋小伝馬町15-18
ユニゾ小伝馬町ビル9階
電話 03-5623-5121（代）

印刷・製本　中央精版印刷株式会社

落丁・乱丁本はお取替えいたします。

ISBN 978-4-86280-496-9

総合法令出版ホームページ　http://www.horei.com/